Sobre las editoras

Esmeralda Santiago nació en Puerto Rico y es autora de la memoria *When I Was Puerto Rican* (*Cuando era puertorriqueña*) y de la novela *America's Dream* (*El sueño de América*). *Almost a Woman*, la secuela de *When I Was Puerto Rican*, fue publicada en 1998 y traducida al español en 1999, bajo el título de *Casi una mujer*. Esmeralda Santiago reside en Westchester County, New York.

Joie Davidow fue la fundadora de *L.A. Style*, donde, durante seis años, ocupó los cargos de Editora Ejecutiva y Jefa de Redacción. También en 1997 fue co-fundadora de *L.A. Weekly*. Más recientemente lanzó al mercado la revista *Sí*, una publicación sobre estilos de vida en los Estados Unidos, dirigido al público hispano. Su libro *Infusions of Healing* fue publicado en 1999 por Fireside Books de Simon and Schuster. Joie Davidow vive en Los Angeles, California.

Juntas editaron la antología *Las Christmas: Escritores latinos recuerdan las tradiciones navideñas*.

Sobre la traductora

Nina Torres-Vidal es puertorriqueña. Profesora de lenguas y literatura de la Universidad del Sagrado Corazón en San Juan, Puerto Rico, sus intereses investigativos son la literatura comparada, la literatura autobio〔 〕 〔 〕 la teología feminista. Es la trad〔 〕〔 〕eralda Santiago publicada por 〔 〕Torres-Vidal reside en San Juan,

Obras por Esmeralda Santiago

Cuando era puertorriqueña
El sueño de América
Casi una mujer

Editado por Esmeralda Santiago y Joie Davidow

Las Christmas: Escritores latinos recuerdan
las tradiciones navideñas

Las Mamis

Las Mamis

Escritores latinos recuerdan a sus madres

Editado por
ESMERALDA SANTIAGO y JOIE DAVIDOW
Traducción de NINA TORRES-VIDAL

VINTAGE ESPAÑOL
Vintage Books / Una división de Random House, Inc. / New York

Primera Edición en Español
de Vintage, Mayo de 2001

Copyright © 2001 by Alfred A. Knopf

Todos los derechos reservados bajo las Convenciones Panamericanas e Internacionales sobre Derechos de Autor. Publicado en los Estados Unidos por Vintage Books, una división de Random House, Inc., New York, y simultáneamente en Canadá por Random House of Canada Limited, en Toronto. Este libro fue originalmente publicado en inglés por Alfred A. Knopf, una división de Random House, Inc., New York. Copyright © 2000 por Esmeralda Santiago y Joie Davidow.

Vintage es una marca registrada y Vintage Español y colofón son marcas de Random House, Inc.

Marjorie Agosín escribío su ensayo originalmente en español.

La fotografía que acompaña el ensayo de Alba Ambert es cortesía de Antonio Sánchez Gaetán, Universidad del Sagrado Corazón, Puerto Rico.

Biblioteca del Congreso Catalogando-en-Datos
Mamis. Spanish
     Las mamis : escritores latinos recuerdan a sus madres / editado por Esmeralda Santiago y Joie Davidow ; traducción de Nina Torres-Vidal.— 1. ed. en español de Vintage
     p. cm.
ISBN 0-375-72688-8
     1. Hispanic American women—Biography—Anecdotes. 2. Mothers—United States—Biography—Anecdotes. 3. Hispanic American families—Anecdotes.
I. Santiago, Esmeralda. II. Davidow, Joie. III. Title.

E184.S75 M365 2001
                                                                                    00-066820

www.vintagebooks.com

Impreso en los Estados Unidos de América

Índice

Florence Schwartz, madre de Joie, justo antes
de su matrimonio (circa 1940s).

Prefacio

La primera gran pasión de la vida es por la mujer cuyo cuerpo una vez compartimos. Su aliento fue nuestro aliento; su sangre corrió por nuestras venas; su corazón marcó el ritmo del latir del nuestro. La conexión entre madre e hijo es el vínculo primario fundamental en la vida de cada una y cada uno de nosotros. Pero esa relación puede tomar infinidad de formas en las que influyen las circunstancias, la cultura y la religión.

A través de mi trabajo como editora de la revista *Sí*, y luego como co-editora de *Las Christmas*, nuestra antología anterior, comencé a darme cuenta de que las madres latinas juegan un papel muy particular en las vidas de sus hijos e hijas. Estas mujeres —muchas de ellas inmigrantes con poco o ningún conocimiento del inglés, venciendo toda adversidad sin más recursos que su propia fuerza interior— con frecuencia lograron criar hijas e hijos muy exitosos. Y, ricas o pobres, han vinculado a sus hijos e hijas con algo valiosísimo que de otro modo se hubiera perdido: otro país, otra época, otra lengua —la lengua materna. Esta antología, pues, es una celebración de esas cariñosas y a veces enloquecedoras mujeres que con su gran valor, fuerza y amor, han formado a toda una generación de latinos y latinas.

Cuando empezábamos, Esmeralda y yo, a trabajar en *Las Mamis*, murió mi propia madre. Sabía que todas las madres tienen que morir en algún momento, y Mami fue muy afortunada de haber vivido una larga vida y de morir en su propia cama después de pasar solamente una terrible noche de sufrimiento. Sin embargo, me sentí tan acongojada como si el amor de mi vida me hubiera abandonado. Por eso, de cierta manera, fue irónico que durante esos dolorosos primeros meses después de la muerte de mi mamá, estuviera hablando con escritores y escritoras sobre esa relación que tan recientemente había perdido.

Nos sorprendió que tantos escritores y escritoras declinaran nuestra invitación. Uno nos dijo que francamente no valía la pena correr el riesgo de provocarle un disgusto a su mami. Para otros, la relación estaba ya demasiado lastimada para exponerla en una página sin que ello causara un derramamiento de lágrimas y sangre, o era tan frágil que cualquier intento de capturarla en una red de palabras, no importa cuán delicadamente construida, podía destrozarla. No pocos aceptaron gustosamente solo para quedar paralizados cuando se dieron cuenta de lo que estaban a punto de hacer. Escribir algo sobre mami que ella de hecho leería, llevó a un par de ellos a desistir atemorizados. Hasta los más prolíficos entre nosotros sufrieron y batallaron y rogaron que se les concediera más tiempo. Un colaborador me comentó que él se preguntaba qué técnicas y recursos habrían utilizado los demás, como si la reacción de mami hubiera sido un obstáculo intimidante en torno al cual había que negociar. No importa cómo las llamemos —Mom, Mommy, Mamá, Mami o Mamacita— nuestras madres tienen un enorme poder sobre todos nos-otros.

Muchos de los autores y las autoras que aceptaron nuestro reto nos dejaron asombradas con su valiente honestidad. Yo por mi parte me sentí un poco celosa de quienes aún tenían vivas a sus madres, no importa cuán difícil pueda ser la relación con ellas y hubiera querido exhortarles a que aprovecharan al máximo el aún tenerlas, a que las visitaran, a que les contaran lo que tuvieran guardado en sus corazones aunque ellas no pudieran oírles. En algunos de los ensayos más conmovedores, percibimos que el autor o la autora había utilizado nuestro libro como un medio para hacer las paces con Mami, para demostrarle que la valoraban, a pesar de todo. Muchos autores y autoras también pudieron empezar a entender a través de lo que escribían el punto de vista de Mami, a desmitificar a la madre y a verla como una mujer, no como un ser poderoso que nos dio o nos quitó, sino como una adulta, como una igual, que había luchado y había tratado y a veces, había fallado. La antología tomó forma mientras sufría por mi propia Mami. En el momento más agudo de mi dolor, mientras leía las memorias de todos los hijos y las hijas que contribuyeron a este libro, comprendí por qué escribir sobre Mami era tan difícil. Entendí que no vivimos solos como un solitario árbol en el bosque, sino a la sombra del árbol mayor que nos concibió. No importa cuánto luchemos por separarnos totalmente, no importa cuán lejos nos trasplantemos, estamos destinados a existir en relación con nuestras madres, con la fuente misma de nuestras vidas. Nuestros logros son sus logros. Nuestros fracasos, sus fracasos. Nuestros sueños, sólo variaciones de aquéllos que nuestras madres soñaron para nosotros. Podemos rechazar sus expectativas o esforzarnos por alcanzarlas, pero siempre viviremos nuestras vidas a la sombra de las suyas.

Joie Davidow

Las Mamis

Ramona Santiago, madre de Esmeralda Santiago

"Constantemente nos quejamos unos con otros de sus excentricidades y sorprendentes prejuicios, como también tomamos por sentado su generosidad, su capacidad de amar y su habilidad de pasar por alto las fallas de sus hijos, mientras critica el mismo comportamiento en los demás".

⟨⟨⟨⟨⟨⟨⟨⟨ ESMERALDA SANTIAGO

Esmeralda Santiago es autora de las memorias Cuando era puertorriqueña y Casi una mujer *y de la novela* El sueño de América. *Además,
con Joie Davidow, es co-editora de* Las Christmas: Escritores latinos
recuerdan las tradiciones navideñas. *Graduada de Harvard University,
tiene también una Maestría en Bellas Artes de Sarah Lawrence College.*

La primogénita

Fui su primogénita, nací de pie, con el cordón umbilical enredado en el cuello. La mamá de mi papá la ayudó a parirme; fui una
bebé azul y Mami creyó que había nacido muerta. Abuela me dio
una nalgada y cuando chillé, me devolvió al cuerpo de mi
madre, a la suave tibieza de su pecho. Quizás fue ese peligroso
comienzo el que me ató para siempre a ella justo en el momento
en que me trajo al mundo. A partir de esa mañana de un lunes
lluvioso, siempre que me siento maltratada o sin aliento, regreso
hambrienta a su pecho.

Tenía dieciséis años cuando me concibió. Mi padre tenía
veintiocho, y ya tenía una hija con otra mujer. Nunca le he preguntado cómo se conocieron, ni cómo él la sedujo, ni cómo ella

logró burlar la vigilancia de su mamá y su hermano y la casa llena de tías y tíos con los que vivía, para estar con él. Siempre que le hago preguntas personales, me contesta que no recuerda, pero según pasan los días me revela voluntariamente lo que quiere que yo sepa. Así fue como averigüé que cuando se conocieron, ella era empleada en la repostería de su tío en Santurce. ¿Sería allí que la vio Papi por primera vez, su cara fresca y los ojos oscuros ávidos de aventura?

Me hicieron en agosto en medio de la temporada de huracanes. Pienso en un día caliente y seco o ¿habrá crujido el cielo en una de esas violentas tormentas de verano que caen sobre Puerto Rico inesperadamente? Ella siempre le ha temido a los rayos y a los truenos. A lo mejor él la tomó en sus brazos para calmar el temblor que acompaña su miedo.

Fui una bebé majadera, insomne, oscura y peluda, propensa a tener rabietas que terminaban tan rápida e inexplicablemente como empezaban. Dormía en un coy que Mami mecía acompasadamente en un intento por calmar los cólicos, el salpullido, las picadas de mosquitos: todos los irritantes que yo no podía nombrar, pero que le hacían la vida insoportable a ella. Años más tarde, me deseó que mis hijos me dieran tanta candela como la que le di yo a ella, y la posibilidad de que se le cumpliera el deseo me mantuvo sin hijos hasta pasados los treinta años.

Antes de cumplir los dos años ya tenía una hermanita. Vivíamos en una casa de un cuarto, montada en zocos sobre aguas fangosas. Unos tablones inseguros nos llevaban hasta la calle. Cuando los cruzábamos, Mami me agarraba la mano y se apretaba a Delsa contra el pecho.

"No te sueltes", me advertía, "mucho cuidado, que si te caes, te ahogas". Al llegar a la calle suavizaba un poco su agarre y mis miedos se desvanecían, solo para renovarse cuando regresábamos nuevamente por los largos tablones llenos de astillas que crujían y gruñían con cada paso.

"Pero tú no te puedes acordar de eso", me porfía Mami, cuando yo le pregunto si nosotros vivíamos en una casa sobre aguas enfangadas. ¿Y había unos tablones que llevaban a la carretera? Acepta que sí, que ambas cosas son ciertas, pero se resiste a creer que yo pueda recordar un periodo tan lejano de mi vida. "Yo tengo que habértelo contado cuando tú eras más grandecita", insiste.

Una tarde de modorra, estábamos Mami y yo sentadas a la mesa, cerca de una ventana, escuchando el batir del agua contra los zocos que sostenían la casa. Yo me chupaba el dedo mientras, con la otra mano dentro del panti, me trasteaba el lugar por donde salía el pipi. Cuando Mami se dio cuenta, voló desde donde estaba sentada, me agarró por el brazo, y me pegó, gritándome que nunca, nunca volviera a hacer eso, que era sucio, que las nenas no se tocan ahí.

Es la primera pela que recuerdo, el ardor de su mano contra mis nalgas, la fuerza de su puño agarrándome la muñeca, el sonido seco de sus dedos contra mi piel.

Ella no era la única mamá que le pegaba a sus hijos. Una pela era una amenaza común entre los papás y las mamás de esa época —todavía lo es— y no era raro que los padres le levantaran a uno la piel con una rugosa varita de guayabo o con una gruesa correa de cuero. Papi nos daba con la correa; Mami, con la mano, con una soga, con un zapato, con un sartén, con lo que tuviera a mano.

A pesar de todas las pelas que cogí, no me considero una niña maltratada. El término no entró en mi vocabulario hasta que llegué a los veinte años y los periódicos y los noticiarios se llenaron de historias de niñas y niños quemados con cigarrillos, amarra-

dos a los pilares de la cama, golpeados con palos de escoba, encerrados en closets hasta que morían de inanición. Recordé la
rabia de mi mamá, su violencia, y me avergoncé de que nos hubiera levantado la mano, a mí, a mis hermanas y hermanos. No
podía excusarla, pero la perdoné. Me obligué a mirarla más allá
del resentimiento para ver quién era ella cuando se criaba y
cuando nos criaba a nosotros. Y al volver a examinar su vida,
hallé algunas lecciones. La más importante de todas: no te rego-
dees en el pasado o te ahogarás en la pena.

Norma nació cuando yo tenía cuatro años, y siendo todavía
bebé, nos mudamos a Macún, un barrio en el Municipio de Toa
Baja, donde Papi tenía una parcela, un pedazo de tierra que os-
tentaba once árboles de aguacate, cinco de mangó, matas de
gandules y achiote, orégano brujo, y un palito de limón espino-
so. La casucha de la parcela no tenía electricidad ni agua potable. Unos barriles colocados debajo de las esquinas de los aleros
recogían el agua de lluvia. Bajando la cuesta, había una charca
cuya superficie verde y asquerosa efervesía con unas burbujitas
que a Mami le parecían la respiración de unos monstruos extraños que vivían en el fondo. Encinta de su cuarto hijo, Mami se
quedaba en casa mientras Papi se pasaba la mayor parte de la semana construyendo o renovando casas en San Juan.

Durante las últimas semanas de su embarazo, los barriles estaban vacíos y el cielo despejado. Delsa, Norma y yo jerimiqueába-
mos del hambre, pero no había agua para cocinar el arroz.
Mientras más fuerte llorábamos, más se desesperaba Mami, hasta
que finalmente, caminó hasta la charca y sacó un cubo de agua.

"La colé a través de un pedazo de algodón y la dejé hervir un
buen rato". La cara todavía se le torcía de asco cuando me hizo la
historia muchos años después. "Y aún así, el arroz blanco quedó
verde. Mientras nos lo comíamos, se me salían las lágrimas de
pensar que si estaba envenenado, por lo menos moriríamos jun-

tas". Mientras hablaba, sentí que me llenaba de compasión por ella, por cómo era entonces a los veintiún años, con tres nenas chiquitas y una en camino, una muchacha de ciudad metida en un monte, en un barrio de un campo, sola.

Después que nació mi hermano Héctor, Mami y Papi parecían pelear más. Ella acusaba, él se defendía. Ella lloraba, él refunfuñaba. Ella le decía que la dejara quieta, él desaparecía y regresaba dos o tres días después, como si nada. Mi hermano, mis hermanas y yo nos escondíamos en la hamaca y nos salíamos del medio cuando Papi estaba en casa. Observábamos con atención la cara de ella, el tono de su voz, si colocaba las ollas con cuidado o si las estrellaba contra las piedras del fogón, todo, en busca de alguna señal que nos indicara si venía pelea. Si estaba de mal humor, nosotros nos quedábamos calladitos, complacientes, pendientes de sus caprichos.

Cuando estaban de buenas, trabajaban en los extremos opuestos de la parcela. Mientras ella recogía gandules para la comida, él construía paredes más seguras. Su martillo marcaba el ritmo de las rancheras mexicanas que cantaba en su clara voz de barítono; ella cimbreaba sus caderas en un vaivén cadencioso mientras canturreaba boleros y dejaba caer las gruesas vainas de gandules en el cacharro de metal. Siempre he pensado que las palabras le pertenecían a él, pero la música ha sido siempre de ella, la melodía sin palabras de un esfuerzo recompensado.

Con cuatro niños pequeños que atender, Mami tenía muy poco tiempo para hacer amistades. Pero cuando instalaron la pluma comunal a una milla de la casa, Mami conoció a algunas de las vecinas. Varias veces a la semana íbamos a buscar agua fresca. Mientras Mami y las vecinas se agrupaban alrededor del grifo llenando sus cubos y chachareando, nosotros chapaleteábamos en el fango que se formaba con el agua que se perdía del grifo. De vez en cuando, una de ellas se viraba y nos gritaba que dejáramos eso ya, pero tan pronto daba la espalda, nosotros volvíamos a embarrarnos con el fango.

Después de pasar un ratito con las vecinas, Mami llenaba de agua dos cubos grandes, y con brazos tensos y estirados, los cargaba por el camino arenoso. Nosotros la seguíamos, cada cual con su pote lleno hasta el borde, porfiando sobre quién derramaría menos agua de regreso a casa. Tan pronto llegábamos, Mami guardaba el agua en latones de manteca y los tapaba con un cuadro de madera. Esa sería el agua de tomar, de cocinar y de lavarnos los dientes, y se hervía diariamente antes de usarse. Para el lavado, echaba baldes de agua de lluvia en las tinas de lata.

De vez en cuando, todavía me encuentro a Mami lavando una blusa en el lavamanos del baño, la pieza bien agarrada en un puño mientras con los nudillos de la otra mano restriega la tela con un movimiento rítmico y seguro, las burbujas chorreándole de las muñecas a los codos. Tendrá una leve sonrisa en el rostro y una expresión de firme concentración —es el triunfo de la voluntad y la fuerza sobre el sucio.

Aunque no lo entendí entonces, hoy me parece inevitable que Mami deseara regresar a la ciudad. La vida en Macún era dura; con mi papá ausente la mayor parte del tiempo, a pesar de los ratitos con las vecinas en la pluma de agua, se sentía sola. Un buen día nos recogió en la escuela y nos mudó a Santurce, más cerca de los tíos y las tías que no se habían marchado a los Estados Unidos en busca de trabajo. Los domingos por la tarde, pasaban por casa para compartir con nosotros las cartas que habían recibido de sus hermanas y hermanos en Nueva York y para chismear un rato de ellos mientras saboreaban interminables tazas de café con leche endulzado.

En Santurce, Mami sonreía más. Sabía cómo manejarse en la ciudad, le gustaba la conveniencia de tener la tienda a un par de cuadras de la casa en vez de tener que caminar un par de millas hasta la cooperativa, que lo mismo podía tener que no tener lo que necesitaba. Por la tardecita, caminábamos alrededor de la plaza donde nos compraba piraguas bañadas en el dulce sirop de brillantes colores como de piedras preciosas. A veces cogíamos la guagua en la esquina cerca de casa y nos bajábamos frente a la repostería de su tío donde, relamiéndonos de gusto, escogíamos un pedazo de tembleque o de arroz con coco. Mientras ella hablaba con su tía y su tío, nosotros jugábamos con las primas en el balcón, volviendo de cuando en cuando a contemplar, con mirada hambrienta, la fresca vitrina de cristal llena de la mayor cantidad de dulces que jamás habíamos visto en un solo lugar.

Mami todavía rondaba los veinte años, y a pesar de los cuatro embarazos en menos de seis años, se veía muy bien y le encantaba arreglarse. En vez de las batas de algodón y los pies descalzos de Macún, ahora usaba faldas y blusas bien almidonadas, zapatos de tacón alto, el pelo rizado o torcido y recogido en un moño en la nuca. Usaba colorete y también lápiz de labio, y se empolvaba la nariz. Constantemente nos recordaba que bajáramos la voz, que dejáramos de estar corriendo, que nos estuviéramos quietos, que mantuviéramos limpia la ropa, que nos laváramos los pies y debajo de las uñas.

Papi venía a visitarnos a veces, hasta que finalmente se quedó. Poco después de nacer Alicia, convenció a Mami de que volviéramos a Macún y lo hicimos, llevando con nosotros costumbres y ropa de ciudad muy inapropiadas para el campo. Las vecinas criticaban a Mami por comportarse como si, por el hecho de haber vivido en Santurce, fuera mejor que el resto de la gente del barrio. En la fuente, nos viraban la cara cuando nos acercábamos con nuestros cacharros que, en realidad, no eran ni mejores ni peores que los de ellas.

Todavía me duele recordar lo duro que fue para Mami el regreso. Según nos acercábamos a la pluma de agua, la expresión en su rostro era toda una lección de dignidad. Los labios tensos, sus vivos ojos fijos en uno de nosotros o en la tarea que la ocupaba afirmaban su dignidad cuando las vecinas le daban la espalda o hacían comentarios que sin duda oía pero que fingía no escuchar. Nos tomó semanas volvérnoslas a ganar, como si antes de que pudieran confiar en nosotros nuevamente tuviéramos que probarles que esa vez nos quedaríamos allí.

Como la mayoría de las mujeres en Macún, Mami nos cosía toda la ropa en una máquina de coser de pedal Singer. También cortaba y cosía a mano los pañales de algodón y las frisitas de bebé de las que nunca parecía haber suficientes. Para el diario, nos hacía a mí y a mis hermanas unas batitas de algodón sin mangas, en telas de florecitas y ramitas. Para ocasiones especiales, nos cosía vestidos con hileras de encajes, cancanes que picaban, y largas bandas que se amarraban en lazos atrás, en la cintura.

A Mami le gustaba vestirnos iguales y hacía todo lo posible por que pareciéramos trillizas aunque las tres éramos de tamaños y color de piel diferentes. Yo era marrón, flaquita, más alta que Delsa y que Norma. Delsa era más oscura, diminuta, de ojos almendrados color ónix y ondulado pelo negro que Mami, con los dedos, le moldeaba en tirabuzones alrededor de toda la cabeza. Mami le decía a Norma, "la colorá" por su tez rosada y el pelo rizo que enmarcaba su cara finita con bucles color caoba.

A diferencia del de mis hermanas, mi pelo era demasiado lacio para mantener ninguna de las formas que Mami trataba de imponerle. A veces cortaba papelillos cuadrados con los que me rizaba los mechones mojados antes de irme a la cama. Cuando me los quitaba al día siguiente, los esmirriados rizos duraban apenas el tiempo suficiente para que ella alcanzara a ver el potencial que había en mi pelo.

Un día me lavó la cabeza, me emparejó el pelo, y me untó un

líquido que ella juraba, que me rizaría el pelo. Olía a goma quemada mezclada con jugo de limón y me ardía en el cuero cabelludo según me lo aplicaba. En unos huesitos de plástico color de rosa, me enrolló los mechones de pelo, bien apretados. Entonces me mandó a sentarme al sol el tiempo que le tomó a mi sombra pasar de mi lado derecho al izquierdo. "El permanente tiene que fijarse", me dijo.

Cuando me quitó los huesitos, me sentía como si el cuero cabelludo se me hubiera desprendido del cráneo, y el pelo me olía a quemado. Me entregó el espejo que Papi usaba para afeitarse, y cuando me asomé, vi un negro halo enmarañado rodeando una cara enojada. "Pareces un monito asusta'o", dijo riéndose.

Cada vez que se acercaba un día de fiesta o alguna otra actividad especial, Mami regresaba del mercado con un nuevo estuche para permanente. Yo me escabullía por detrás de las matas de orégano o achiote pero ella me llamaba lanzándome amenazas que yo no me atrevía a desafiar. Después de varios intentos (hasta el día de hoy ella dice que fue sólo una vez), Mami aceptó que mi pelo no sería nunca como el de Delsa, el de Norma, o el de Alicia, la bebé, y se dio por vencida. Todavía hoy, siento una aversión hacia los salones de belleza y hacia los tratamientos para el pelo que le achaco a aquellas calurosas tardes en el patio esperando a que el apestoso líquido del permanente hiciera efecto, mientras Mami me prometía los rizos de Shirley Temple, si sólo yo me quedaba sentada al sol un ratito más.

Edna nació en Macún en una casa que empezaba a tener las comodidades que tomábamos por sentado en Santurce. La electricidad corría con un zumbido por unos cables gruesos que colgaban de poste en poste hasta el terminal del barrio. La bombilla solitaria que Papi colgaba del techo de nuestra casa esparcía una brillante luz blanca que disminuía, se iluminaba o se apagaba por completo dependiendo del paso del viento. Las noches parecían ahora más oscuras que cuando las alumbrábamos con quinqués. Los insectos que antes se mantenían fuera de la casa, ahora entraban volando o arrastrándose como si también tuvieran miedo a la oscuridad. Las misteriosas esquinas de la casa que los rayitos de luz de los quinqués no alcanzaban a iluminar, ahora eran visibles. Ya no podíamos jugar a que el racimo de guineos que colgaba de las vigas era un enorme murciélago, o a que los bultos de ropa contra la pared eran en realidad unos piratas al acecho.

Cuando usábamos quinqués nos acostábamos siempre con las gallinas. Tan pronto anidaban, Mami nos recogía para que nos bañáramos, nos cepilláramos los dientes y nos acurrucáramos en nuestras hamacas o catrecitos estrechos. Pero la electricidad alargaba los días. Ahora nos podíamos quedar levantados mientras Mami zurcía y, cuando estaba en casa, Papi montaba tablillas en las paredes o le añadía un mostrador a la cocina. De día, nos pasábamos la mayor parte del tiempo afuera pero, con la llegada de la luz eléctrica, el interior de la casa cobró una nueva importancia. Fue durante esas cortas noches recién estrenadas que Mami empezó a soñar con unas cortinas para las ventanas y un juego de sala con sofá y sillas y una mesa de centro. Poquito a poco fueron apareciendo en casa esos muebles, traídos por un camión destartalado que se alineaba en la tierra aplanada frente a la casa, envuelto en ráfagas de humo negro y un emocionante chirrido metálico.

Sospecho que fue la modernización de Macún lo que sacó a Mami de allí. Según iban llegando la electricidad y el sistema pluvial al barrio, más consciente se volvía ella de que nada de esto era novedoso en Santurce. Y Mami decía que en Nueva York, donde vivían su mamá y la mayoría de sus parientes, se reirían de escuchar a nuestras vecinas echándoselas de no tener que sacar agua en un balde para bañarse en la misma palangana donde lavaban la ropa.

Nos fuimos de Macún poco después que nació Raymond. Esta vez Papi se vino con nosotros a pesar de que lo que ellos llamaban discusiones, y nosotros, peleas, no habían menguado. La razón por la que ellos las llamaban discusiones es porque nunca fueron físicamente violentas. Sus batallas mas bien se libraban con palabras, excepto por alguno que otro objeto que ocasionalmente uno de los dos le zumbaba al otro pero que no lograba nunca dar en el blanco. Después de sus peleas más virulentas, Mami nos mudaba, como si la afirmación más contundente que pudiera hacerle a Papi fuera que no importaba lo que él le dijera o le hiciera, los hijos éramos de ella.

Cuando Raymond tenía cuatro años, Mami se lo llevó a Nueva York en busca de tratamiento médico para el piecito que se le había lastimado en un accidente de bicicleta. Regresó a Puerto Rico, mandándonos a la "bodega" a comprar un "contéiner" de leche en vez de un litro, y "pan de eslái", el pan de molde que venía ya lasqueado en cuadros uniformes, en vez de los largos bollos de pan crujiente que habíamos comido siempre.

A los trece años justo antes de que ella cumpliera los 30, Mami nos llevó a Edna, a Raymond y a mí a Nueva York, y dejó al resto de mis hermanos y hermanas con Papi, hasta que pudiera mandarlos a buscar. Estaba convencida de que la vida en Nueva York sería más fácil, más cómoda, mejor. Hablaba de la educación tan buena que recibiríamos todos, de la cantidad de oportunidades que había para las mujeres diestras en el uso de la máquina de coser que estuvieran dispuestas a trabajar duro.

¿Habrá notado ella durante ese mes que se pasó con su mamá antes de que nos mudara a nosotros, que Tata bebía cerveza o vino diariamente hasta que ya no podía mantenerse en pie? ¿Se dio cuenta de que los apartamentos donde vivía Tata estaban en ruinas, que las paredes estaban garabateadas de graffiti, y que los latones de basura estaban encadenados a los postes de la luz o chocaban contra las verjas de hierro? ¿Se dio cuenta ella que en los Estados Unidos la gente hablaba un idioma diferente al que se hablaba en Puerto Rico? ¿Nadie le habló del invierno?

Recuerdo que un par de semanas después de mudarnos a Brooklyn, contesté un cuestionario que apareció en un periódico hispano: "¿Eres optimista o pesimista?" Y los resultados reflejaron que Mami era lo primero y yo lo segundo.

He aquí lo que Mami veía en Brooklyn: nuestros apartamentos de techos altos construidos en ladrillos y cemento eran sólidos e impenetrables por los huracanes. Teníamos agua potable. La electricidad no fallaba mientras mantuviéramos al día los pagos. En la bodega de enfrente encontrábamos todo lo que necesitábamos. En el *garment district* de Manhattan había trabajo en abundancia.

He aquí lo que veía yo: nos pasábamos encerrados día y noche para protegernos del crimen y la violencia callejera. Había un solo baño para nueve personas, y lo que uno hiciera allí adentro era escuchado y olido por cualquiera que estuviera esperando afuera. Tener electricidad significaba no tener nunca silencio porque nuestras horas se llenaban con la estridencia de los famosos *Top 40* por la radio y los programas de juego en la televisión. El mangó que yo podía coger del árbol en Puerto Rico costaba ahora más que el pasaje de tren hasta Manhattan. Mami trabajaba largas horas cosiendo brasieres que le pagaban por pieza por lo que nunca sabía cuánto dinero traería a casa el próximo día de pago. A veces llegaba un lunes a trabajar y se encontraba con que la fábrica de brasieres había cerrado durante el fin de semana y nadie podía decirle qué hacer para reclamar el dinero que había ganado durante las dos semanas anteriores. Cuando no tenía suficiente dinero, teníamos que ir a la oficina del mantengo donde una gente americana que no sabía español hacía todo lo que estaba a su alcance para humillarnos antes de acceder, de mala gana, a ayudarnos.

Su fe en que todo saldría bien frenaba mi certeza de que todo lo que pudiera salir mal, saldría mal. Pero Mami no se desanimaba ante mis pesimismos. Echaba pa'lante, empeñada en que la acompañáramos en lo que probaría ser la gran aventura de nuestras vidas. Un ambiente, una cultura, una lengua y una historia diferentes no la perturbaban en lo más mínimo. Por el contrario, los cambios la llenaban de energía, estimulándola a esforzarse y a estimularnos a nosotros a esforzarnos, mucho más allá de los límites que nos habíamos trazado.

"¿Cómo que no puedes aprender inglés?", protestaba cuando alguno de nosotros se frustraba con la lengua. "Yo no soy tan joven como ustedes, pero me atrevo a masticarlo cuando es necesario".

Lo que ella llamaba "mi inglés to'estropea'o" se fue volviendo lo suficientemente bueno como para que ella pudiera arreglárselas sola cuando no estábamos para servirle de intérprete. Su inglés estropeado le sirvió durante las visitas nocturnas que hizo a las salas de emergencia de los hospitales con Francisco, el hombre de quien se enamoró un par de meses después que llegamos a los Estados Unidos. La ayudaba a intercambiar algunas palabritas con las enfermeras que le traían noticias de cómo iban la operación de cáncer y el tratamiento postoperatorio de Francisco. La sacó de apuros cuando fue a reclamar los beneficios de dependiente para Frankie, el hijo de ambos, que nació sólo unos meses antes de que su padre falleciera. Le fue útil también cuando alquiló un apartamento tras otro en busca del sitio perfecto para ella, su mamá, sus ocho hijos, y cualquier otro pariente u amigo que necesitara un lugar dónde quedarse.

Mami nos aconsejaba continuamente que nos educáramos, tomándose como ejemplo de alguien que pudo haber llegado mucho más lejos en la vida si se hubiera quedado en la escuela. "A mí el trabajo no me asusta", nos recordaba, "pero sin una educación yo puedo llegar sólo hasta cierto punto". En Nueva York logró ser promovida a supervisora en las fábricas donde trabajaba de costurera pero el orgullo que sentía por sus logros era matizado por su ambición: "Algún día", decía, "me gustaría tener mi propia fábrica".

De adolescente no supe apreciar la audacia, la tenacidad y la determinación de Mami. Mi adolescencia fue un tirijala constante y frustrante entre las dos, mientras por un lado me esforzaba por llenar sus expectativas, y por otro, por deshacerme de las trabas que me ataban a ella. Admiraba su valor, pero me consumía frente a sus exigencias, ante sus recordatorios constantes de que por ser la mayor, yo me constituía en ejemplo para mis hermanas y hermanos. Cada movimiento que hacía era escudriñado, no sólo por Mami, sino también por Tata, por Don Carlos— el tercer esposo de Mami— y por los otros ocho, después nueve, después diez pares de ojos que me miraban en busca de dirección. O por lo menos, eso decía ella, y yo me lo creía. Para cuando tuve diez hermanos, y estaba lista para empezar mi propia vida, mis hermanos y hermanas habían dejado claro que *no* seguirían mis pasos.

Cuando me mudé de los barrios puertorriqueños en busca de aquello que no podía encontrar allí, ellos se quedaron. Quizás se dieron cuenta de lo difícil que era tratar de integrar *el yo* de lejos de la casa con *el yo* que se arrastraba exhausta e irritable por las escaleras, día tras día. Quizás quisieron evitarse la lucha de vivir entre dos culturas —la lucha que yo temía perder y también temía ganar. Es posible también que a ellos, sencillamente, no les importara hacer suyas las ambiciones de Mami. Poco a poco mis cinco hermanas y mis cinco hermanos también se fueron yendo para formar sus propias familias junto a unas parejas que tenían que competir con una suegra temible. Eso quizás explique, en parte, por qué hasta ahora, entre los once hermanos, hemos tenido veinticuatro parejas.

Un día estábamos todos tirados en el piso viendo televisión, cuando de pronto Mami, con la mirada clavada en el televisor, se puso tensa: "¿Qué están haciendo?" En las borrosas imágenes en negro y blanco, unas mujeres más o menos de mi edad, vestidas muy parecido a como me vestía yo, quemaban sus brasieres en una hoguera. "¿Por qué hacen eso?" Preguntó Mami presa del pánico. Fue según le explicaba el concepto detrás de la quema de brasieres que logré entender lo que es la ironía. El brasier que las mujeres de mi generación quemaban como símbolo de su libertad era para mi mamá su modo de subsistencia, el símbolo de su capacidad para mantener a sus once hijos y a su madre anciana.

Ocho años después de haber llegado a los Estados Unidos, Mami logró comprar una casa en una de las áreas más pobres y deterioradas de Brooklyn. Y fue en la planta baja de nuestra casa en Fulton Street donde Mami montó su propia fábrica en la que trabajaba con sus empleadas —su mamá, su tía y una prima. A nosotros se nos prohibió entrar allí. A ella no le parecía bien que fuéramos a depender de las fábricas para ganarnos la vida. La industria manufacturera de ropa de Nueva York se estaba yendo a otras partes del mundo; hasta en Puerto Rico se ubicaron algunas. Mami trabajaba a destajo para las compañías más pequeñas que no podían sostener gigantescas fábricas en Singapur o México. Eventualmente, ese tipo de trabajo se agotó también y tuvo que desistir de la fábrica y vender su casa.

El fracaso de su empresa sacó a Mami de Nueva York. Se había separado de Don Carlos, así es que regresó a Puerto Rico, donde pensaba que podía empezar de nuevo, poniendo en práctica lo que había aprendido en los Estados Unidos. Se trajo a Tata con ella y la cuidó durante el proceso de desintoxicación de su adicción a la cerveza y al vino que la había incapacitado la mayor parte de su vida adulta.

Para cuando la familia se refugió en la Isla, yo estaba viviendo en Texas con un hombre que era un año mayor que Mami. Ella había dejado de hablarme o quizás fui yo quien le dejó de hablar a ella. Al escaparme con él, lo que logré fue intercambiar las exigencias de ella por las de él, y cuando vine a darme cuenta de mi error, ya era demasiado tarde. Atrapada en una relación desdichada me sentía demasiado avergonzada para buscar lo que más necesitaba entonces —el regazo protector de mi madre.

Pasarían cinco años antes de que la volviera a ver. Durante ese tiempo Mami se casó y se divorció de un hombre que nunca conocí, y luego se casó con un viudo que habíamos conocido muchos años antes, la primera vez que vivimos en Macún. Había regresado al barrio donde había sido tan infeliz, a una casa de cemento no muy lejos de donde había estado la pluma comunal. Había aprendido a guiar, se había comprado un Cadillac color vino, que mis hermanos y hermanas bautizaron "la ballena".

"¿Por qué un Cadillac?", pregunté.

"Necesito un carro grande porque tengo una familia grande", respondió. Todavía le quedaban en la casa seis hijos propios además de los cinco adolescentes de su esposo.

Extrañé mucho a mi familia durante el tiempo en que estuve distanciada de ella, comunicándome sólo ocasionalmente mediante alguna carta o postal de Navidad. Años más tarde cuando mis hermanas y hermanos menores recordaban esa época, yo me llenaba de nostalgia añorando la existencia caótica y llena de crisis de la que tan desesperadamente había tratado de escapar. Pero una llamada telefónica de Mami bastaba para recordarme que con todo lo doloroso que había sido el proceso, yo agradecía el haber logrado escapar del drama cotidiano de su vida.

Mami vivió en Macún, después en Dorado, después en Bayamón, donde crió al resto de sus hijos y los de su esposo. Tata enfermó de diabetes y hubo que amputarle una pierna. Según se fueron graduando de *high school* los hijos más pequeños, Mami cuidaba de Tata quien entraba y salía del hospital constantemente con un achaque u otro. La atendió en cada una de sus enfermedades, hasta que quedó ella misma tan desgastada y necesitada de atención como la misma Tata. Después de una desesperada llamada telefónica, volé a Puerto Rico a hacerme cargo de las vigilias nocturnas que Mami consideraba imprescindibles para mantener con vida a Tata. Flaquita y evidentemente muy adolorida, Tata, sin embargo, estaba alerta, y estando Mami todavía en la habitación, recurrió a mí.

"Ya yo estoy vieja. Me duele hasta el alma y ya no me queda más na' que hacer". Volvió su mirada triste, exhausta, hacia su hija. "Estoy viva sólo porque tú no me dejas morir".

"Ay Tata, déjate de tonterías", respondió Mami, descartando las palabras de Tata con un gesto de la mano mientras viraba la cara para secarse las lágrimas. Tata me miró y sonrió con cara de niña traviesa.

"No le gusta cuando le digo la verdad", dijo con voz ronca.

Mami cuidó a Tata durante su última enfermedad. Murió en sus brazos, en una habitación llena de las reliquias de su larga vida, con las fotografías de sus biznietos, y —aunque no era católica y nunca fue a la iglesia— también con un altarcito dedicado a la Virgen, decorado con rosarios y claveles plásticos. La enterraron con su único vestido de salir.

Unos meses después de la muerte de Tata, Mami se enteró de que su esposo andaba enredado con una mujer más joven que ella. El divorcio fue muy desagradable y el que ocurriera tan pronto después de la muerte de Tata, la dejó completamente desajustada hasta el punto que empezamos a temer por su salud mental. Alternaba entre períodos de llanto y ratos de delirio en los que, con mirada enloquecida, despotricaba sobre lo mucho que había sufrido en la vida y sobre cómo no importaba cuánto se esforzara, las cosas siempre le reventaban en la cara. Sus hijos se habían ido de la casa, su madre había muerto, su ex-esposo le paseaba la chilla culona por su antiguo vecindario como para humillarla. Todo esto fue demasiado fuerte para Mami, que por primera vez en su vida estaba viviendo sola y no tenía a nadie a quién cuidar más que a sí misma.

Mis hermanas, mis hermanos y yo hacíamos y recibíamos largas llamadas telefónicas saturadas de llanto en las que, en la medida de nuestras posibilidades, tratábamos de mostrarle a Mami el lado optimista de la vida. Le hablábamos de sus hijos ya crecidos e independientes, de sus diecisiete nietos, de los cumpleaños, bodas, fiestas navideñas que se acercaban. Norma, que vivía en el mismo vecindario, pasaba con frecuencia a visitarla. Papi también iba, y resultó ser mejor amigo de lo que fue marido. Él y Norma tuvieron que hacerle más de una visita de emergencia, después que las vecinas los llamaron para avisarles que oían a Mami sollozando desesperadamente por los cuartos vacíos.

Nos turnábamos para visitarla o la invitábamos a que se pasara unas semanas con nosotros. Cuando me visitaba a mí se pasaba toda la estadía limpiando y cocinando, feliz de tener a alguien a quien cuidar. Ya para entonces yo estaba casada, e incapaz ya de ignorar la añoranza que aumentaba con cada cumpleaños, había dado a luz a un hijo y a una hija a quienes Mami engreía como sólo puede hacerlo una abuela. Más de una vez me dijo que yo me había salvado porque mis dos hijos tan bien educaditos no me daban ni la mitad del trabajo que le había dado yo a ella. Entonces ya nos podíamos reír de eso, aunque un dejo de remordimiento me aguijoneaba todavía la conciencia.

Le tomó un par de años recuperarse de la traición de su exesposo, pero perseveró y haciendo acopio de toda la capacidad de ajuste y del optimismo que le quedaba, sonrió nuevamente y empezó a hacer planes. Pero juró no volver a tener nada que ver con los hombres. Dice que después de cinco esposos ya le ha dado a las relaciones de pareja todas las oportunidades posibles, sólo para quedar siempre decepcionada al final, lo que no ha impedido que los hombres sigan tratando. El año pasado la rondó un pretendiente durante unos cuantos meses hasta que ella le puso coto al asunto. "¿Pa' qué quiero yo un viejo al que tenga que estregarle los calzoncillos?" Se preguntaba retóricamente. "Yo estoy bien así".

Eventualmente, todos, menos una de mis hermanas y hermanos, se mudaron a los Estados Unidos con sus familias. Durante unos meses, Mami saltaba de aquí para allá y de allá para acá entre Nueva York y Puerto Rico, pasándose un tiempito con cada uno. Un día su amiga Úrsula la invitó a acompañarla de vacaciones a la Florida, donde tenía una casa rodante. Úrsula llevó a Mami a Disney World, a Sea World, a los deslumbrantes *malls*, a divertidas tardes dominicales acompañadas de lechón asado, organizadas por puertorriqueños que recién habían llegado a Central Florida. Tomaron un crucero a ningún sitio y cuando regresaron, Mami me llamó para decirme que con el dinero que recibió del divorcio, se iba a comprar la casa móvil de Úrsula.

Llamó para informar, no para pedir opinión. Aún así, traté de disuadirla. Un *trailer* en la Florida era, en mi opinión, el último sitio donde Mami podría encontrar la felicidad. No se me ocurrió pensar que no era la felicidad lo que esperaba encontrar al mudarse a una ciudad en un estado en el que no conocía a nadie. "Lo que yo necesito es tranquilidad", dijo, justamente lo que había buscado yo siendo adolescente.

Mami quería alejarse de las crisis cotidianas de su numerosa familia. "Ya yo estoy vieja", insiste. "Ya yo los crié. Ahora les toca a ustedes cuidarse y dejarme a mí tranquila".

Pero nosotros no creemos que en verdad ella quiera que la dejemos tranquila. Por eso, cuando nos enfermamos, la llamamos para toserle y resoplarle en el oído hasta que nos promete que vendrá a cuidarnos. Si fracasa una relación, acampamos en el cuartito en una de las puntas de su *trailer* y asomamos la nariz cuando la cocina se llena del olor del ajo y del orégano. Cuando terminan las clases y la muchachería no encuentra qué hacer, reclutamos a Mami para que se vaya a andareguear con ellos por Disney World.

Damos vueltas a su alrededor como abejas alrededor de una flor, incapaces de dejarla ir, de manera muy parecida al modo como ella tampoco podía dejar ir a Tata. Constantemente nos quejamos unos con otros de sus excentricidades y sorprendentes prejuicios, como también tomamos por sentado su generosidad, su capacidad de amar y su habilidad de pasar por alto las fallas de sus hijos mientras critica el mismo comportamiento en los demás.

A sus setenta años, su espíritu aventurero no ha mermado. La semana pasada llamó porque una mujer que acaba de conocer quiere venderle un apartamento en un condominio en un pueblo en el sureste de Florida, que ninguno de nosotros jamás ha oído mencionar. El gran atractivo parece ser, además del precio que le han ofrecido, que el condominio está en un área poco afectada por los tornados. Si logra vender el *trailer* y si entre los once hijos podemos contribuir a pagar la hipoteca, lo puede comprar.

"Pero Mami", protesto, "ese condominio está en un pueblo que ni siquiera has visitado".

"¿Y qué? No será la primera vez que yo haga algo así", me recuerda.

"Pero hay huracanes en South Florida".

"¿Y yo no he pasado docenas de ellos en Puerto Rico?"

A veces cuando llama, me da miedo salir al teléfono y me pregunto qué oportunidad fabulosa, qué nueva crisis me espera sin aliento al otro lado de la línea. Al principio habla bajito, pero entonces va subiendo la voz y casi puedo verle los cachetes rojos, los ojos brillantes y las manos volando y gesticulando mientras trata de describirme su más reciente obsesión.

Es extenuante ser su hija, pero fue esa misma pasión y arrojo la que la llevó a entregarse a Papi una tormentosa tarde de agosto. La imagino entonces como la veo ahora, rebosante de entusiasmo ante las posibilidades que ofrece la vida, ansiosa de volverse hacia donde la lleve lo próximo. No tenía cómo saber cuán difícil sería criar once hijos en condiciones inimaginables. A pesar de que yo lo presencié, todavía me sorprende que todos hayamos sobrevivido y lográramos formar nuestras propias familias. A través de los años su vida nos ha servido de ejemplo para identificar tanto aquello que debemos evitar como aquello a que debemos aspirar. Es su espíritu generoso, su valor, su creatividad y su dignidad, lo que yo, su primogénita, trato de emular: sus lecciones impresas en cada página de mi vida.

María Amparo Palomino,
madre de María Amparo Escandón, a los treinta años

Fotografía publicada en varios periódicos y revistas hacia
finales de los años 1960, cuando esta mami fue seleccionada
una de las mujeres más hermosas de México. La autora,
María Amparo Escandón, es la octava en una larga lista
de María Amparos.

MARÍA AMPARO ESCANDÓN

Nacida en Ciudad de México, María Amparo Escandón es autora de la novela Santitos, *publicada primeramente en inglés, y del libreto para la película* Santitos, *los dos basados en un cuento corto publicado originalmente por Prairie Schooner. Reside en Los Angeles donde enseña en UCLA Extension Writers' Program.*

Mi mamá al desnudo

Mi mamá no cocina. Nunca lo ha hecho. Jamás. Olvídense de planchar, pasar la aspiradora, tender la cama. Esas tareas simplemente no forman parte de su vida. No las hace. Ni siquiera para impresionar a mi papá. Apenas puede recordar el color de su cocina. "¿Es blanco hueso? ¿O era esa la cocina de la casa en Sierra Candela? ¿Por qué me estás preguntando estas cosas? No me digas que vas a escribir sobre mí, chismosita".

Tenía que despertarla cuando regresaba a casa del colegio. No era floja. Es que vivía de acuerdo al horario europeo. Empezar el día a las dos de la tarde con el desayuno en la cama le parecía razonable después de haberse amanecido leyendo hasta las cinco de la mañana la noche anterior. Leía de todo, desde la doctrina filosófica de Kant hasta las anécdotas moralizadoras del *Reader's Digest*. Mientras mi padre roncaba a su lado, murmurando de cuando en cuando, y rogándole que apagara la luz, ella estudiaba todo lo que podía para reemplazar la educación universitaria que no había obtenido. No la necesitaba. O por lo menos así lo creía su familia cuando se casó a los diecinueve años: las niñas no necesitan un grado académico para ser amas de casa.

Pero mi mamá no era una muchacha común. Aun así, durante un buen número de años trató de comportarse como tal, lo que era igual a tratar de calzar un pie tamaño diez en un zapato número siete. Tenía amigas. Se reunían para tomar café con galletitas en la tarde y hablaban de pañales y nanas. Jugaban cartas. Se maquillaban unas a otras. Salían de compras. Iban al cine. Organizaban fiestas todos los fines de semana, dejándole siempre el desorden a la sirvienta para que lo recogiera por la mañana. En los años sesenta eso era justamente lo que se esperaba que hicieran las madres jóvenes de la sociedad mexicana. Mi madre hacía lo esperado y lo hacía bien, especialmente el verse hermosa siempre, y el ir de compras. Pero rehusaba malgastar su dinero en vajillas, enseres domésticos, sábanas, ollas y cacerolas. "¿Por qué comprar un tostador para que lo disfrute la cocinera?" Ella parecía siempre salida de un escaparate de Saks Fifth Avenue, pero sus utensilios domésticos parecían provenir de una tienda de artículos de segunda mano.

Cuando mis hermanos y yo éramos pequeños, a mi mamá le gustaba vestirnos como si fuéramos trillizos. Conjuntos idénticos para los tres. Si los pantalones de mis hermanos eran grises, también lo era mi falda. Las mismas camisas también. El problema era que Javier no podía permanecer limpio por más de una hora, así es que cada vez que mi mamá notaba que se había ensuciado, nos cambiaba de ropa a todos. Como Julio y yo éramos muy pulcros, odiábamos eso. Pero nuestra opinión a ella no le interesaba para nada.

L a ropa de las tiendas de departamentos no ha sido nunca lo suficientemente buena para mi mamá. No puede comprar un juego de saco y falda directamente de la tienda sin cambiarle después los botones, o añadirle hombreras, o hacerle cualquier otro tipo de alteración. Cuando tenía como veinte años, se inscribió en una clase de alta costura y aprendió a vestirse como una modelo de Dior. También cosía la mayor parte de mi ropa. Hasta en mis sueños oía el runrún de la máquina de coser en la habitación contigua. A veces me despertaba a media noche para probarme un vestido. Entre dormida y despierta, hacía un esfuerzo por mantener el balance, y muchas veces me clavé con un alfiler. "Un piquetito trae buena suerte", decía. "Sólo procura no manchar la tela". Cuando hice la primera comunión, estuvo cosiendo toda la noche, y terminó mi vestido una hora antes de la ceremonia, justo a tiempo para que la sirvienta lo planchara, que yo me lo pusiera, y corriéramos a la iglesia. Todo el mundo lo encontró bellísimo.

Coser su propia ropa no disminuyó la obsesión de mi madre por salir de compras. Dos veces al año la familia entera viajaba de la Ciudad de México a Brownsville, Texas, y regresaba con cuatro maletas llenas de ropa nueva. Ropa americana. La ropa mexicana no valía nada. "Se deshace en manos de la lavandera. Se destiñe. Es fea. No tiene ninguna gracia". Salíamos rumbo al norte en una caravana, mi familia y quizás un par de tías y tíos con sus hijos, a conquistar las tiendas del pueblo de la frontera más cercana. Una vez, cuando veníamos de regreso, el equipaje se cayó de la canastilla de la camioneta, en algún lugar cerca de Ciudad Victoria. Mi hermano Julio fue el primero en notar las

cuerdas sueltas batiéndose al viento y golpeando la ventana tra-
sera. Mi mamá casi estrangula al tío Álvaro, allí mismo en medio
de la carretera. "Es un inútil. ¿Por qué lo habré dejado amarrar
las maletas?" Regresamos y nos pasamos el día entero buscando
la ropa regada por la orilla de la carretera pero no encontramos
ni el calcetín más diminuto.

A veces nos íbamos hasta Houston de compras. Eso sí que era
divertido. Mientras mi mamá se pasaba el día en La Galería, probándose ropa para la siguiente temporada, mi papá nos llevaba al
Six Flags Amusement Park o mejor aún, al Astrodome. En
Brownsville, donde no había mucho que hacer, teníamos que
andar detrás de mi mamá, apretujarnos dentro de los vestidores
pequeñitos, y mirarla mientras se probaba ocho faldas y doce
blusas. Todo lo que podíamos hacer en las tiendas era meternos
en líos. Un día mi hermano Julio y mi primo Pepe tiraron, sin
querer, una enorme montaña de cajas de zapatos y quedaron se-
pultados debajo de ellas. Mi mamá fingió no conocerlos, me agarró por un brazo y salió de la tienda, dejando atrás a los dos niños
de seis años para que resolvieran el problema.

El dinero nunca fue un fin en sí mismo para mi mamá. "Las
monedas son redondas para rodar, y los billetes, de papel para
que se los lleve el viento", decía. Se quedaba en los centros comerciales gastando hasta el último centavo justo hasta la hora de
cierre o, como sucedió una vez en Miami, hasta después de la
hora de cierre. La tienda de departamentos había cerrado mientras ella estaba ocupada en el vestidor. Cuando salió a las 11:00
P.M. con, por lo menos, siete piezas de ropa en la mano, las luces
estaban apagadas, las empleadas y los empleados no aparecían
por ninguna parte, y habían bajado la cortina de metal de la
puerta. Pero ella siempre ha sido una mujer de muchos recursos,
así es que buscó un teléfono público y llamó al 911 para que la
policía viniera a liberarla. Mientras esperaba a que llegaran y lo-

calizaran al guardia de seguridad de la tienda, colgó la ropa que
había seleccionado en la percha que había detrás de la caja regis-
tradora y le prendió una nota tipo Terminator, escrita en una de
las bolsas de compras: "No la acomoden. Mañana regreso". Mi
padre que había estado desesperado buscándola por horas, tuvo
que llevarla de vuelta tan pronto abrió la tienda por la mañana.
Pagó la ropa que había seleccionado la noche anterior y continuó sus compras donde las había interrumpido. La Galería en
Houston era su centro comercial preferido. A mis hermanos y a
mí nos encantaba también porque tenía una espectacular pista
de patinaje en hielo en la planta baja, y así no teníamos que preo-
cuparnos de cuándo nos recogería mi mamá. Nosotros seguíamos
dando vueltas y más vueltas en la pista hasta que aparecía ella
cargada de paquetes. Parábamos en el hotel que quedaba justo al
lado para no perder tiempo viajando hasta el centro comercial.

Un día que mi mamá había terminado ya en La Galería, decidió darse una vuelta por otro centro comercial al otro lado de la
ciudad. Cuando el botones del hotel le trajo el coche que tenía
alquilado, salió volando con mi tía Tinina en el asiento del pasa-
jero. Unos minutos más tarde, mientras buscaban un mapa, se
toparon con un paraguas que ninguna de las dos reconoció. Se
habían llevado el coche equivocado. Pero mi mamá no estaba
dispuesta a regresar no importa cuánto mi tía le rogara, le supli-
cara, y hasta la amenazara. Fue inútil. "¿Y qué tiene que estemos
en los Estados Unidos? ¿Qué pueden hacernos? ¿Demandarnos?
La culpa es del hotel", dijo mi madre. No podía darse el lujo de
regresar y perder tiempo. Era el último día antes de regresar a
México y todavía tenía que hacer muchas compras. Por lo tanto
continuó su búsqueda, ahora en un coche robado y con una tía
secuestrada. Cuando llegaron al otro centro comercial, llamó al
hotel y les sugirió que le prestaran su coche alquilado a la señora
cuyo automóvil ella se había llevado puesto que ella no estaría

de vuelta hasta la noche. El hotel tuvo que hacer malabarismos y alquilar otro coche para la otra señora. Con mi mamá, la vida en un centro comercial puede ser muy emocionante.

Ahora ya no va a Houston. Hace sus compras en Los Ángeles, donde vivo yo. Afortunadamente para ella hay dos grandes centros comerciales a donde puede llegar caminando desde mi casa. Desgraciadamente para el resto de la familia, no logramos verla a menos que nos vayamos tras ella. Cada vez que viene de visita, me pide que la lleve al museo, pero de camino hacemos una paradita en el centro comercial y, naturalmente, nos quedamos allí el resto del día, dejando los Van Goghs para otra ocasión.

A través de los años, he aprendido a entender su obsesión con las apariencias, particularmente con lo que tiene que ver con la ropa que usa. Ha confesado que de niña no tuvo lo suficiente. "Tu abuela era muy austera. Sólo me compraba un par de vestidos para cada temporada". Por eso en su vida adulta había compensado con creces. Antes de perder la cuenta, conté una vez ciento treinta y cuatro suéteres en su closet. Cuarenta y seis pares de zapatos. Sesenta y ocho faldas. Setenta y nueve vestidos. Cincuenta y siete trajes de dos piezas. Treinta y seis bolsas. Veintiséis lentes de sol. Doce abrigos. Sesenta y un par de pantalones. Nueve pelucas. Diecisiete chamarras. Veintiún vestidos de noche. Trece trajes de baño. Tres cajones repletos de maquillaje. Cuarenta y dos brasieres. Un par de *jeans* de diseñador. Cuando su ropa pasa de moda se la regala a su sirvienta o a algún centro de beneficencia, y entonces se va de compras para surtir su guardarropa para la próxima temporada.

Mi mamá también nos compra ropa a mí, a mis hijos y a mi esposo. Cuando estaba a punto de casarme, insistía en que llegara a mi nueva relación con un vestuario nuevecito. "Definitivamente necesitas un ajuar completo. ¿Quién quiere una recién casada en trapos viejos?" Volamos a Houston donde se compró tres vestidos posibles para mi boda. Seleccionaría uno de ellos finalmente dependiendo de cómo estuviera el clima el día de la ceremonia. Porque estaba tan entretenida seleccionando su propia ropa, fue fácil convencerla de que me diera el dinero que había reservado para mí. Haría mis compras yo sola, y al final del día nos volveríamos a encontrar. Cuando regresé al hotel esa noche, cargando sólo una bolsita que contenía una fabulosa cámara Leica 35 mm con todo tipo de lentes y estuches, dejó de hablarme hasta dos días después de que regresamos de Houston. Pero valió la pena. La cámara fue lo mejor que pude haber llevado a mi luna de miel.

Como ella es la experta, mi mamá siente que le corresponde estar a cargo de tomar las decisiones que conciernen la ropa de todo el mundo. "Tu hermano Javier no puede combinar una camisa con un pantalón. Tengo que hacerle las compras". No importa que mi hermano Javier sea un cirujano ortopédico de cuarenta años, quien es, estoy segura, perfectamente capaz de vestirse. "No puede ni siquiera escoger el color adecuado para las batas de cirugía". Aun así, él le sigue el juego y deja que mi mamá decida.

Cuando yo era chiquita, no tenía opción. Mi mamá decidía lo que yo me ponía todos los días. Escogía la ropa la noche anterior y la colocaba sobre mi cama. Soporté los calcetines tejidos, los amplios fondos tiesos de almidón, los vestidos primorosos y los listones. Cuando llegué a la adolescencia, el paso lógico era rebelarme en contra de mi madre justo donde más le doliera, por lo que traté de vestirme como el resto de mis amigas, iniciando así una batalla madre-hija que duró muchos años. Pero como ella seguía comprándome toda mi ropa, la batalla era bastante inútil. Pude ahorrar el dinero suficiente para comprarme un par de piezas a las que les tenía un profundo afecto, como un par de *jeans* de campana (mi único par) de los que tenían emblemas de la paz bordados alrededor del dobladillo de la campana, y una lengua de los Rolling Stones en el bolsillo trasero. Un día mi mamá los quemó en medio del patio como símbolo de su victoria. Desde entonces sólo me permitía usar *jeans* de diseñador, si acaso. Y ni hablar de los overoles Levi's. "Esos costales de papa espantosos te hacen ver como Diego Rivera".

En la vida de mi mamá, la apariencia no sólo tiene que ver con la ropa. "Para ser bella, tienes que sufrir", me dijo innumerables veces. En su búsqueda implacable de la perfección física, ha pasado miles de horas frente a un espejo analizando su ser al desnudo, arreglando con esmero su cabello y aplicándose el maquillaje con la precisión de un ingeniero espacial. "No hay bellezas naturales. Tienes que trabajar mucho para verte bien". De niña, yo interpretaba esto como una maldición infligida a las mujeres por una criatura que no nos quería bien. ¿Por qué mi papá no tenía que sufrir? Todo lo que hacía era afeitarse la cara en dos minutos, el tiempo que le tomaba a mi mamá colocarse una pestaña postiza. Me prometí a mí misma que nunca usaría maquillaje pero al llegar a la adolescencia, no sólo fracasé en mantener mi promesa, sino que el énfasis de mi mamá en la belleza y su importancia, era confirmado todos los meses cuando hojeaba las páginas de *Seventeen*. Me di cuenta entonces de que las delgadas chicas americanas de los anuncios —todas rubias, todas con sonrisas perfectas y sin granitos— eran dueñas del mundo. Yo, por lo tanto, sufría. Sin pedir mi opinión, mi mamá me puso a dieta, me llevó al ortodoncista, me sometió a dolorosos faciales, me alisó el cabello que era rizado natural, e hizo todo lo que estuvo a su alcance para subsanar mis limitaciones.

Al principio traté de llenar sus expectativas, pero sabía que no contaba con la materia prima. De otro modo, ¿por qué iba mi mamá a persistir tanto en mejorar mi apariencia? De niña era muy flaca. De adolescente era muy gorda. "Es que estás en una edad muy ingrata", me decía, no importaba la edad que tuviera.

Entonces, cuando empecé la universidad —finalmente, mi propia vida— ella decidió inscribirse también. Era la estudiante de treinta y ocho años más bella y mejor vestida en todo el campus. Todavía recuerdo a todos esos compañeros que se le sentaban cerca en la cafetería, enloquecidos por su belleza. Usaba unos pantalones talla seis apretadísimos, y un peinado por el que Farrah Fawcett hubiera matado. Cuando tenía que hacer trabajos en equipo, todos mis amigos querían estar en mi grupo para venir a mi casa y ver a mi mamá de cerca. Para contrastar, yo tomé la ruta *post-hippie*. Usaba esas sandalias mexicanas que tienen las suelas hechas de viejas llantas de coche, largas faldas de algodón arrugado, y vistosos *huipiles* de Oaxaca. Me dejé el pelo con su rizado natural. Como ya no podía obligarme a usar lo que ella quería, mi mamá se pasaba mucho tiempo hablándome de cómo la gente debe vestir bien para tener éxito en la vida. Nos graduamos juntas. Ella obtuvo el promedio más alto de la clase.

Mi mamá siguió estudiando hasta alcanzar un post-grado, y a diferencia de sus amigas, un empleo. Era la ejecutiva de capacitación y adiestramiento profesional más agresiva, más bella y mejor vestida en la Cámara de la Industria de la Construcción (donde yo también trabajaba como editora de su revista). Ya estaba casada entonces, pero a veces mi mamá y yo viajábamos juntas hasta la oficina. En el camino, hablábamos de nuestros trabajos y, como era de esperarse, sobre cómo vestirse para triunfar. Y de eso ella sí sabía. En los años siguientes, gracias a su inteligencia —y según ella, ayudada por su guardarropa— se

convirtió en la máxima autoridad en el campo de la productivi-
dad y del adiestramiento profesional e incorporó conceptos tales
como "cero defectos" a la cultura corporativa nacional.

No hay un solo día en que mi mamá no luzca deslumbrante
en un ajuar perfecto, con su maquillaje y su peinado impecables,
sin arrugas (ni en la ropa ni en el rostro) y con su *manicure* siempre recién hecho. Sin embargo sus cajones son un desastre. Sus
finanzas, un caos. Y siempre llega tarde, vergonzosamente tarde.
Pero a nadie parece importarle. Es demasiado encantadora para
que estas cosas importen. La gente sólo quiere estar cerca de ella.
Me pregunto, qué habrá aprendido de una madre que (en su opinión) era mucho más bella que ella. También me pregunto qué
he aprendido yo de haber tenido una madre que valora tanto la
belleza física. ¿Qué legado le dejaré yo a mi propia hija que las
revistas para mujeres y los anuncios de Calvin Klein no le hayan
dejado ya? Cuántas de nosotras no estaremos enfrentando este
asunto en las oficinas de nuestros terapistas, me pregunto.

Poco a poco he asumido el control de cómo me veo y de
cómo me siento en relación con mi apariencia personal, años
después de haber interpuesto casi dos mil millas de distancia
entre mi mamá y yo. Cortar el cordón umbilical fue, para mí,
más fácil de lo que pensaba. Tengo un par de *jeans* en el *closet*.
Dejo que mi hija se ponga lo que quiera, y le doy mi opinión sólo
cuando me la pide. Muy rara vez visito un centro comercial. Y
para simplificar las cosas, visto casi siempre de negro.

Mandalit con su mamá, Dolores Villarreal del Barco,
Lima, Perú, 1963

*"Y te unirás a la larga línea de mujeres de nuestra familia que han
tenido la fuerza suficiente de vencer la adversidad, de explorar
nuevas tierras, y crear para sí mismas un hogar en medio de
ambientes hostiles".*

～～～～～～～ MANDALIT DEL BARCO

Mandalit del Barco nació en Lima, Perú, y se crió en Kansas y en California. Es reportera para National Public Radio y una colaboradora asidua para Latino USA de NPR y para la revista Latina. Ha sido reportera para el Miami Herald y The Village Voice, y para WNYC-FM y WBAI-FM. El ensayo que sigue fue escrito mientras la autora, al igual que lo había hecho antes su madre, se aprestaba para viajar al Perú con una beca Fulbright.

"¡Hola Dollinks!":
Cartas de mi Mami

"Y por la mañana, encontramos al guardia atado a la máquina fotocopiadora, moviéndose lentamente, de aquí para allá, de allá para acá…"

La idea era que mi Mami concibiera una novela de misterio satírica, ubicada en una escuela pública en un barrio pobre, con ella de protagonista como la maestra/detective que resuelve crímenes. Esa fue la primera línea que se le ocurrió.

"Algo así como el homicidio del copión, ¿ah, Mami?"

"Sí, el misterio de la sala de duplicados, escenario tradicional de batallas campales en cualquier escuela. Tú sabes cómo es, que todo el mundo necesita usar la fotocopiadora inmediatamente o antes. Pues bien, yo he notado que las latas del líquido para las fotocopiadoras tienen una etiqueta con la advertencia 'No Puede Convertirse a No Venenoso'. Una vez vi, en la sala de profesores, una lata de ese líquido, tentadoramente colocada en una repisa cerca de la cafetera. Pensé, 'Ah, caray, qué terrible'. Tuve que quitarla de allí, pero siempre me quedé con la idea de que sería un buen elemento para un cuento de misterio".

"¿Qué más?"

"Bueno, hay tantas víctimas potenciales. ¿Cómo escoger? Está la maestra mandona, la maestra plañidera, el departamento de Educación Física en pleno,…"

Verán, mi Mamá es una ávida lectora de novelas de misterio y relatos de ciencia ficción. Nuestro cuarto de televisión entero (donde ella ve con mi Papi, *Rumpole of the Bailey*, su serie de misterio británica favorita, por la emisora pública) está cubierto de pared a pared con estantes repletos de ediciones populares acomodadas en los anaqueles de tres en tres, que ella ha leído y releído por lo menos cuatro veces. Sencillamente, no se han escrito suficientes historias de misterio o de ciencia-ficción para satisfacer su hambre literaria. Se queda dormida con un libro en las manos, para despertar a media noche a devorar otro; es como una Chupalibros muy bien leída.

Desde antes de que mi hermano y yo naciéramos, es maestra. Muy buena maestra. Una maestra bondadosa, amable e ingeniosa, que con frecuencia se divierte con las situaciones graciosas en las que de pronto se encuentra. Después de haber enseñado a niños y niñas de kindergarten en el Perú, y a estudiantes universitarios en Kansas, comenzó una carrera que se ha extendido durante tres décadas, (hasta la fecha) en las escuelas públicas urbanas. A través de los años, como maestra y especialista en educación bilingüe, como subdirectora de escuela superior, como directora de escuela intermedia, y ahora, como administradora a cargo del Programa Internacional de Bachillerato, se ha divertido muchísimo coleccionando sus propias historias, tanto reales como imaginarias.

Para empezar, están los nombres de los estudiantes. *Female* (pronunciado fe-MALL-ee). Tortillas (ta-TEE-yuz). Su mamá, mi abuela —que había sido una de las primeras maestras de Inglés como Segundo Idioma en California, habiendo empezado en una escuela pública a finales de los 1960— también dio clases a unas cuantas alumnas traviesas, como las gemelas Latanya y Lasagna.

Además está el hecho de que las escuelas —particularmente las intermedias y superiores— son escenarios fértiles para el melodrama y la comedia de situación. Mi Mami ha animado más juegos de baloncesto y fútbol, ha vigilado más bailes de graduación, ha asistido a más reuniones de Juntas de Educación y a más funerales de estudiantes que ninguna otra persona que yo haya conocido. Ha sobrevivido a recortes presupuestarios, a batallas sobre metodología y a maestros y maestras "con el juicio crítico de un gerbo". En el siempre-cambiante ambiente político de California, abogó heroicamente por la educación bilingüe. (Y hasta escribió su tesis doctoral sobre el tema mientras enseñaba a tiempo completo.) A lo largo de todo el proceso, ha mantenido su sentido del humor.

"De todas las ratoneras posibles, en todos los pueblos de mala muerte, ¿por qué tuvo que escoger nuestra escuela superior?" empezaba un cuento corto que escribió para entretener a nuestra familia. "Debimos haberlo sabido. *Era* un día oscuro y tormentoso cuando se apareció para la entrevista. Pero, por otro lado, ¿cómo saberlo? Siempre está oscuro en ese edificio. Sin embargo, en ese momento, de lo único que estábamos conscientes era de que un hombre alto, rubio, extremadamente guapo y atractivo, tenía interés en enseñar en nuestra escuela.

"'Enseño a hablar. Soy de Yugoslavia', dijo. Quizás hubiéramos podido sospechar algo por su sonrisa perfecta (que tendía a colgarle un poco en la comisura de los labios a causa de sus levemente alargados colmillos superiores). Pero no lo hicimos y fue contratado. ¡Era encantador!

"En realidad no fue hasta octubre (después que se completaron el primer informe estadístico y las consolidaciones) que empezamos a sospechar un poco. He aquí un maestro que se ofrecía para supervisar los juegos por la noche; que disfrutaba de trabajar hasta tarde (afuera —¿quién notaba la diferencia desde adentro?); al que le gustaba deambular por la escuela hasta altas horas de la noche; cuyos estudiantes, ciertamente, pronto estaban hablando una lengua extranjera: *aglutinógeno*, *hemoglobina*, *sanguíneo*.

"El hecho de que parecía preferir el negro para su ropa se lo atribuimos a que estaba de luto por su patria bajo el yugo comunista. (Había salido a principios de los cuarenta, cuando tenía dos años.) El que se envolviera en una capa se lo achacábamos a la excentricidad. La palidez creciente de los estudiantes en sus clases pasó casi inadvertida entre la tensión propia de las pruebas SAT y las fechas límites para entregar las solicitudes a las universidades.

"Según fue pasando el tiempo, sin embargo, empezamos a notar que, en las conversaciones, sólo era capaz de hacer observaciones mordaces y comentarios incisivos. Pero no hurgamos con demasiada profundidad en las aseveraciones que manaban de su boca a borbotones...

"Fue realmente como un momento de iluminación que nos llegó durante el torneo anual de baloncesto. (Es curioso lo que varias noches sucesivas de interminables juegos de baloncesto, de buñuelos y café cargado pueden inspirar.) Finalmente nos dimos cuenta de que lo que realmente había dicho durante la entrevista había sido, 'Señor Vlad. Sorbo yugulares'".

Las cartas de mi Mami para mí y para mi hermano Andy no eran siempre sobre vampiros, pero empezaban generalmente con "¡Hola Dollinks!" A veces venían dirigidas a *"Wawachaykuna"* (que quiere decir "mis queridos bebés" en Quechua, la lengua andina que mi Papi habló desde niño y enseñó luego a los voluntarios del Cuerpo de Paz). Con el pasar de los años, sus mensajes han recogido la historia de los sucesos fortuitos que ocurren en la escuela, las falsas alarmas de fuego, los pasillos inundados, la terrible comida de cafetería, los estudiantes que cortan la última clase, y las ventas de clubes estudiantiles para recaudar fondos: "Las ventas de M&M van bien (tanto de los sencillos —como de los de maní)".

A veces, sus cartas daban detalles sobre la burocracia enloquecedora típica de cualquier institución. (Sus observaciones me recuerdan, por momentos, escenas de la película *Brasil*.) Por ejemplo:

"...Como a las 10:00 los electricistas finalmente llegaron a ver el asunto de la instalación de la computadora que habíamos solicitado en agosto de 1997. Se encontraron con los dos pintores que aparecieron en respuesta a una requisición de trabajo del 1994. Para completar los oficios también tuvimos a los plomeros que 'vinieron a ver' qué había pasado con la inundación, y a los enlosadores que estaban allí para poner las losas que faltaban en el cielo raso o que les habían caído encima a los estudiantes, en varios salones, a través de los años. El procedimiento habitual es hacer primero una requisición. Entonces, varios meses después, dos personas del sindicato correspondiente se aparecen para 'ver' qué hay que hacer. Unos meses después de esto, aparecen dos más para 'medir' lo que hay que hacer. Éstos, entonces, desaparecen con las medidas y no se les ve más. A veces —aunque esto no es muy probable, ni siquiera el mismo año— alguien más viene, y realmente arregla las cosas".

Otras cartas incluyen incidentes que provocan en ella y en su mejor amiga, una colega y directora de escuela superior, ataques de risa:

"Ayer pasó algo divertido", empieza una carta, "Calvin, el conejo residente que habita el ala de sexto grado, y se encuentra generalmente en el salón del Sr. Z, recibió una visita. Armando trajo de visita a su conejo. Calvin quedó prendado al instante y procedió a enamorarlo, y a hacerle enseguida proposiciones 'carnales y lujuriosas' allí mismo en el salón ante todo el grupo de sexto grado. Naturalmente, el estudio de las culturas antiguas no era tan interesante como aquello, así es que lo que tuvo lugar fue una improvisada lección de biología. Desgraciadamente, Calvin se ha criado solo, y la verdad es que nunca ha conocido otros conejos, por lo que no es muy probable que supiera que estaba enamorando a un macho. (¿Mr. *Shirley*, tal vez? *The hare stylist?*) El Sr. Z no tuvo el valor para decírselo a la muchachería, porque las niñas ya están organizando una fiesta de bienvenida al bebé del conejo de Armando".

Los idiomas y el juego de palabras siempre le han fascinado a mi Mami, que se deleita con los dibujos animados de *Bugs Bunny* y el *Monty Python's Flying Circus*. También ha valorado siempre la mezcla cultural en el estudiantado, el profesorado y los padres y las madres con quienes trabaja. En la ciudad cosmopolita donde vive, el alumnado de las escuelas ha inmigrado de los cuatro rincones del globo terráqueo. Mi Mami ha observado que siempre que hay una guerra o cualquiera otra calamidad en el mundo (en América Central, Vietnam, África) niños y niñas de esa región empiezan a aparecer por las escuelas públicas de la ciudad dos años más tarde. En la escuela superior donde mi Mami enseñó y trabajó de administradora, los estudiantes hablaban veintisiete idiomas diferentes.

Le encanta narrar el cuento de la vez que unos estudiantes en la escuela donde ella era subdirectora estaban jugando fútbol americano en el patio a la hora de almuerzo. "Y este muchacho de Camboya chocó contra este otro muchacho americano que era enorme. Pertenecía al equipo de fútbol. Un muchacho bueno, pero enorme. Y el chico camboyano que llevaba el balón, se estrelló contra el muchacho más grande, y cayó sin sentido. El grande no le había puesto un dedo encima. Estaba allí parado y —PÁCATA— el otro muchacho chocó contra él.

"Así es que trajimos a la enfermera para que examinara al muchacho caído (en esa época todavía existía tal cosa como enfermera escolar). Y porque el muchacho había quedado inconsciente, tuvo que hacerle las preguntas tradicionales:

"'¿Dónde estás?'

"'Ah, en el suelo'.

"¡ERROR! Había fallado en decir en qué ciudad estaba.

"'Segunda pregunta: ¿Quién es el presidente?'

"Bueno, pues el muchacho no sabía, ¡si recién había llegado al país!

"Así es que la enfermera llamó una ambulancia. Supuso que tenía una contusión cerebral".

P rologa otro de sus cuentos con la advertencia de que recordemos que ninguno de los muchachos hablaba inglés. ¡Ni uno solo!

"Encantadora viñeta en la escuela el otro día", escribió. "Parece que Nguyen, que es de Vietnam, estaba haciéndole ojitos, y luego le dijo lo que él insistía era un piropo, a la hermosa chica filipina en su clase de inglés como segundo idioma.

"A saber: 'Oye nena, qué buen pecho'.

"Ella se ofendió y se quejó a Manuel, de México, y a Chantha, de Camboya, que también estaban en la clase. Ellos pensaron entonces que tenían que defender el honor de la señorita como caballeros errantes del siglo que fuera, y se enfrascaron en una pelea con Nguyen, en el pasillo por supuesto, y allí fue donde las cosas se complicaron un poco. Porque entonces Farah, de Somalia, sintió que él tenía que ayudar a defender al chico de su clase de matemáticas (Nguyen), y quién sabe en qué idioma pasó todo esto porque ninguno de los arriba mencionados tiene en común con los demás ni siquiera un conocimiento rudimentario del inglés.

"Tratamos de desenmarañar todo en la oficina y mandamos buscar a la niña cuya bella figura había causado el alboroto. Después de un rato, se presentó el guardia de seguridad y dijo, 'no sé lo que ustedes entienden por "bien desarrollada", pero esta es la chica en cuestión'. Y tras él apareció una niña cuya figura, al decir de mi amiga la directora, parecía 'una tabla de planchar'".

Hay otros incidentes, todavía más escandalosos, que he jurado no contar por escrito. Lo que los hace tan chistosos —más allá de las historias en sí mismas— es el gusto con que mi Mami los cuenta. Se ríe. La cara se le pone rojo remolacha. Ella es de hecho una mujer de modales muy suaves, una ex-líder de campamentos de Niñas Guías que se ruboriza fácilmente. ("Tienes que recordar que yo me crié en el siglo pasado", bromea, refiriéndose a que fue criada con los valores tradicionales del medio oeste de los Estados Unidos.) Usa espejuelos y faldas a media pierna y cómodos zapatos planos. En las visitas que hace a sus estudiantes en sus casas, o en camino a las actividades escolares, ha transitado por zonas de pandillas, y ha salido ilesa. Los bravucones le abren paso. Con frecuencia la confunden con una monja (cosa que les hace muchísima gracia a ella y a mi Papi). Ella y su igualmente ataviada amiga íntima, la directora de escuela, usaban en broma los nombres de Sor Presa y Sor Tija.

Monja no es, aunque a veces la veo como una santa, sacrificando tanto de su tiempo y energía y dinero por su familia; quedándose levantada hasta tarde para ayudar a mi Papá o para ayudarnos a Andy y a mí con nuestros trabajos escolares; juntando el dinero para pagar las cuentas y para mandarnos a universidades costosas; y también preocupándose profundamente por sus estudiantes. Aunque disfruta mucho de las escenas graciosas que ha presenciado, no es eso lo que más valora de su trabajo. Siente un profundo afecto por sus estudiantes y colegas, y goza cuando ve que alguien hace bien su trabajo en el salón de clases porque piensa en lo afortunados que son esos alumnos (al mismo tiempo que recuerda con cariño a los maestros que también hicieron una diferencia en su vida).

Así como reboza de orgullo cuando le preguntan por su familia, también siente orgullo por los jóvenes, producto de las escuelas pobres donde trabaja, que han sido nombrados National Merit Scholar, por los chicos con la puntuación perfecta de 1600 en sus SAT, por los estudiantes de todas partes del mundo que llegaron sin hablar inglés y lograron convertirse en los más destacados de su promoción antes de pasar a estudiar, con becas completas, en famosas universidades Ivy League. Algunos de sus alumnos son hoy médicos, abogados, ingenieros, bomberos, oficiales de la policía, maestros.

Mi Mami al principio, no había pensado ser maestra (aunque casi todos los demás de la familia se han hecho maestros también); sino que quería ser antropóloga, folclorista para ser exacta. El magisterio era una manera fascinante de ganarse la vida, y se dio cuenta que lo hacía bien. Cuando Andy y yo éramos pequeños, no sé cómo, encontró tiempo para investigar y trazar para nosotros los árboles genealógicos de su familia mexicano-americana en los Estados Unidos, y de la familia de mi Papi en el Perú. También colgó viejas fotos de familia en nuestro comedor. Todavía recuerdo cuando la acompañaba mientras visitaba a los parientes ancianos y usando una vieja grabadora de carrete, grababa sus recuerdos.

Supongo que está en los genes: ahora como periodista radial me encuentro grabando historias de la vida de la gente (si bien, en estos tiempos, con una grabadora mini disk). Y estoy siguiendo los pasos de mi Mami en el Perú, también con una beca Fulbright. Cuando estuvo allí al principio de los años sesenta, recogió los cuentos populares de la región andina de Ayacucho. Además de sus propios "encuentros cercanos", documentó historias quechuas sobre fantasmas errantes o espíritus condenados como el Manchachiku ("el que asusta"), y sobre trasformaciones de animales, tales como Xarxacha (la gente que se convierte en llamas de noche) o el Ukuku (el oso/persona).

Mientras me preparaba para partir hacia el Perú, inspirada por mi Mami, y con la esperanza de retomar su investigación más de treinta y cinco años después, recibí de ella un regalo: una hermosa carta escrita a mano que me tocó el alma y me hizo llorar. En ella me dice cuán orgullosos están ella y mi Papi. Y me ofrece lo siguiente:

"Ahora partes hacia una gran aventura, y te unirás a la larga línea de mujeres de nuestra familia que han tenido la fuerza suficiente de vencer la adversidad, de explorar nuevas tierras, y crear para sí mismas un hogar en medio de ambientes hostiles. Las mujeres de nuestra familia han sido siempre fuertes, como lo ejemplifica tu tatara-tatara-tatara-tatarabuela a finales de 1700, quien acomodó a sus bebés en canastas, y viajó de noche para escapar de los Apaches mientras iba a establecerse en Chihuahua. O tu tía bisabuela Preciliana Palacios, que se hizo cargo de su hermana y hermanos menores, y partió de Chihuahua hacia los Estados Unidos en 1898 en busca de una mejor vida para ellos, lejos de una dictadura; o tu tatarabuela Petronila Sáez del Barco, quien en nombre de la gente de su pueblo hizo frente a los soldados chilenos durante la Guerra del Pacífico por los años de 1880, en Ayacucho…"

La carta dice mucho más. La atesoraré siempre. Mi Mami —quien todavía toca dúos de piano conmigo (las dos nos reímos asombradas si logramos terminar la pieza a la vez, y en la nota correcta); que nos llevaba a Andy y a mí, cuando éramos pequeños, a manifestaciones en contra de la guerra y a reuniones sobre la liberación femenina, y a campañas políticas; que nos educó en la creencia que podíamos hacer y llegar a ser lo que más quisiéramos; que me animó a ir a la universidad y a hacer estudios de pos-grado y a que fuera periodista y trabajara para la NPR (National Public Radio), y luego a que solicitara la Fulbright; que nunca criticaba y que siempre fue un apoyo— ha sido la mejor maestra de todas para sus propios hijos. Nos legó el amor que ella y mi Papi comparten, el folclore de nuestra familia, y sus propias historias sobre el mundo que ha conocido. Y también nos ha enseñado a ser cuentistas, con todo y juegos de palabras.

Mar de Puerto Rico, cortesía de Antonio Sánchez Gaetán

Isabel Oliveras Quijano, madre de Alba Ambert

"Estoy sentada en el océano de su falda... Me deleito en su perfume a arena, a follaje de palma y a leche".

Nació en San Juan, Puerto Rico, y se crió en el Bronx, New York. Su novela A Perfect Silence *(Arte Público Press) obtuvo el premio Carey McWilliams, y su novela* Porque hay silencio *(Arte Público Press) ganó el premio de literatura del Instituto de Literatura Puertorriqueña. Otras obras suyas incluyen* The Eighth Continent and Other Stories *(Arte Público Press), cuatro poemarios, varios libros para niños, y el texto de historia oral* Every Greek Has a Story *(Athens College Press). Contribuye con frecuencia a revistas y antologías literarias. En 1997 recibió el President's Award of the Massachusetts Association for Bilingual Education. Escritora residente en Richmond, The American International University en Londres, completó recientemente su tercera novela y actualmente trabaja en su próximo libro. Divide su tiempo entre Londres y San Juan.*

La búsqueda de Perséfone en Waterloo: El relato de una hija

En Waterloo Station, el tren retumba hasta detenerse y una voz de altoparlante machaca, "¡Cuidado con la abertura!" Me adelanto, y me enfrento al negro trecho entre el tren y la orilla del andén. La cabeza me da vueltas. Mis zapatos están cargados de plomo. Un enjambre de viajeros apurados entra y sale del vagón. Aun así, no puedo moverme. "¡Cuidado con la abertura!", la voz incorpórea advierte otra vez. La oscuridad en ese hueco amenazante surge ancha como un océano infinito. Estoy totalmente indefensa. Un golpe metálico llena el aire, y las puertas se cierran en mi cara. Estoy perdida en el andén vacío, como un náufrago en una isla desierta. Me asomo al foso de los rieles, lleno de basura desparramada, y retrocedo lentamente.

Al final, logro abordar un tren para casa. La locomotora acelera, pero al otro lado del andén, el Eurostar sobrepasa estruendosamente hacia destinos más románticos. Jirones de Bruselas, de Lille y de Paris se esfuman de mi mente, y quedo con una vista del Támesis gris y del humo de las chimeneas industriales ascendiendo en caracoles hacia el cielo plomizo. En un patio pequeñito, un vestido azul flota en un cordel, y es ese vestido, la manera en que el trozo de azul mar se destaca sobre el gris del día —los pliegues abriéndose lentamente como pétalos al viento— lo que me envuelve en una familiar ola de nostalgia. Recuerdo a Ionesco, cronista del aislamiento y el caos humano, y el afligido resumen de su obra. "Escribo desde la angustia", dijo, "desde la nostalgia...una nostalgia que ya no conoce su objeto". Mirando el vestido azul celeste, reconozco el sentimiento trascendental que me ronda sin razón discernible, los síntomas claros, las causas bien disfrazadas. Una nostalgia por algo perdido en un pasado tan lejano que es como el aroma tenue que queda en una habitación después que sale una mujer. Este es el sentimiento que tan frecuentemente me abruma cuando menos lo espero; la añoranza indefinible que no tiene nombre. Puede provocarlo el perfume del jazmín, el sabor agridulce de la parcha, o el darle la vuelta a una mano para examinar la línea de la vida. O bien puede incitarlo la melodía de un bolero o el modo en que una hoja se enne-

grece y muere. Los griegos tienen una palabra para este sentimiento, imposible de traducir al español: *kaimos*. "Tengo *kaimos*",
dicen con un suspiro cuando una sensación de pérdida los abruma, cuando se sienten arrasados por la nostalgia de alguien o de
algo perdido pero no olvidado. *Kaimos* es un dolor que es placen-
tero porque nos recuerda una persona o un estado de felicidad que
ya no está ahí. *Kaimos* es la dolorosa presencia de una ausencia.

Viví en Grecia durante casi ocho años, una tierra grabada en
piedra, inmersa en el mito y la metáfora, donde abundan las mujeres con nombres como Afrodita, Dafne, Fedra y Atenas. Invariablemente, estas mujeres narraban los mitos que dieron origen
a sus nombres. Los mitos, repletos de batallas, pasiones y celos,
eran cautivantes. Pero había un mito que me cautivaba como
ningún otro —la quintaesencia de los mitos madre-hija, que
aunque creado para explicar los cambios de estación, tenía un
significado más íntimo para mí. Deméter, la diosa de todo lo que
brota de la tierra, vivía con su hija Perséfone. Hades, dios del
reino de los muertos, se enamoró de Perséfone. Sabiendo que su
madre nunca aprobaría su matrimonio, se apareció en un coche
tirado por cuatro caballos mientras Perséfone recogía narcisos, y,
muy osado, se la llevó a las profundidades sin sol donde él reina-
ba. Sin saber lo ocurrido, la angustiada Deméter vagó por los confines del mundo buscando a su hija, descuidando en su dolor las
cosechas, lo que trajo la hambruna a la tierra. Temiendo el fin de
la humanidad, Zeus intervino y logró un acuerdo. Perséfone regresó con Deméter, cuya felicidad al encontrarse con su hija hizo
que las cosechas prosperaran y las plantas florecieran una vez
más. Pero Perséfone estaba obligada a regresar al fondo de la tierra por varios meses todos los años, lo que ocasionaba periodos
de tristeza y desolación a su madre, e infertilidad a la tierra.

Habiendo experimentado una vida de constantes cambios
e interrupciones, mis memorias son, con frecuencia, borrosas e

imprecisas. Así es como he aprendido a fabricar cuentos para vadear los vacíos de mi historia personal. Frecuentemente he construido mis propias versiones del folclor y la mitología. La angustia de la separación madre-hija no me es extraña, y, en mi versión del mito madre-hija, es Deméter quien es arrebatada al fondo de la tierra por Hades, y la desconsolada Perséfone, la que parte hacia los vastos confines de la tierra en una intensa búsqueda de su madre. Perséfone indaga en ojos extraños, voltea piedras y peñones, y escudriña el musgo aplastado, en pos de alguna señal de ella. Mira insistentemente en las brechas que, como océanos, se explayan por todos los rincones de la tierra. Con su dedo hurga en las grietas de las hogazas de pan, en los plieguecitos de la piel de uvas dañadas. Escudriña el hongo que se acumula en las cuevas. Grita el nombre de su madre y escucha cómo resuena en su lengua, mientras espera por una pista que explique su desaparición. Cada espacio es rebuscado y explorado. Podría estar aquí, podría estar allá, murmura Perséfone al viento, y continúa su marcha, antorcha en mano, de la montaña al litoral, en su incansable búsqueda. En mi versión del mito, Perrésfone busca a su madre durante toda la vida pero nunca la encuentra y aunque para ella la pérdida de Deméter es devastadora, ninguna catástrofe azota la tierra. No hay huracanes, ni terremotos, no se siente ni un temblor. Al final nada pasa, y Perséfone mueve la cabeza asombrada, incapaz de reconciliar su dolor con los mares tranquilos y los cielos moteados de nubes.

Mi mamá murió de tuberculosis cuando yo tenía dos años, y mi vida ha sido definida por esta pérdida. Cuando murió, me envolvieron en una pañoleta negra y fui llevada, sin avisar, al exilio. Arrojada del jardín del Edén, privada de Lilith y de la integridad femenina que compartía con ella, estaba en una edad en la que no disponía aún del lenguaje necesario para expresar esa pérdida devastadora. Mi andamiaje emocional se colapsó, y durante varias décadas después, fui incapaz de vincular palabras al dolor de su ausencia. Por mucho que trataba, no podía encontrar la expresión precisa que describiera el hueco que se abría frente a cada paso que daba. Durante largo tiempo viví sin palabras. Muchas veces anhelaba presionar mi dedo contra su nombre y sentirlo endurecer contra mi carne. Recordaba a la autora de *Frankenstein*, Mary Wollstonecraft Shelley, cuya madre murió cuando ella tenía diez días de nacida. De pequeña daba paseos con su padre por el cementerio de la Iglesia San Pancras donde su madre, Mary Wollstonecraft, estaba enterrada. El padre la enseñó a leer y a deletrear su nombre haciéndola trazar la inscripción de su madre en la lápida. Una sólo puede imaginar la confusión de la niña al leer su propio nombre en la tumba de su madre, buscándola siempre en el silencio del cementerio, obsesionada por la certeza de su propia mortalidad. Esta es una fijación común entre las hijas sin madre que con frecuencia nos lleva al borde de la autodestrucción, y a veces nos empuja por esa orilla insondable donde quizás, finalmente podamos encontrarla.

En este mundo soy la única que recuerda a mi madre, y sin embargo no puedo recordarla. Esta ha sido la paradoja distintiva de mi vida. Aquellos que podrían recordarla han muerto, así es que mi madre existe sólo en mi mente y en la de nadie más. Estoy decidida a mantener vivo cualquier fragmento que de ella permanezca en mí, a volverlo tan vibrante y vital como me sea posible. Porque yo soy la memoria de mi madre; mi mente es su altar; un santuario a lo intangible. Yo era demasiado niña cuando murió para recordarla, pero ella existe en pedacitos de información que he acumulado a través de los años, mi tesoro secreto que se abastece con cada palabra o frase dicha al pasar que pueda haber aludido a ella, aunque haya sido sólo tangencialmente. Escondida en las sombras, escuchaba ávidamente mientras las palabras ascendían y caían. Captaba alusiones, fragmentos de eventos, pero nunca oía el cuento completo. Tampoco me atrevía a preguntar. Con estos cantitos de hilo y de tiras de tela he hilvanado un amplio boceto de su vida, distante y vago, desprovisto de los detalles que le añadirían definición y textura a su vida. Siempre me preguntaré cuánto de lo que guardo de ella es verdadero, y cuánto es imaginario.

Vauxhall, Clapham Junction, Wandsworth Town. Las estaciones pasan rápidamente con desconcertante familiaridad, y yo, aun con la escasa evidencia que tengo, espero que mi madre haya tenido un destello de alegría, que haya podido guardar algún sueño para el futuro. Espero que en el arrabal donde vivía y donde me dio a luz haya tenido un vestido azul brillante que ondulaba al viento desde un cordel, y que ella lo haya planchado cuidadosamente todos los sábados, tal vez, con la pesada plancha de carbón, que llenaba en un anafre ardiente. Espero que los domingos tuviese el ánimo de hacer la larga travesía desde su arrabal, cruzando las anchas avenidas Fernández Juncos y Ponce de León, por las calles bordeadas de árboles, que terminaban en El Condado donde los ricos vivían en sus blancas casas estilo español colonial que relucían al sol. Quizás se haya esforzado al caminar a través del cocotal que abrazaba la orilla de la playa, sus pies calzando sandalias hundiéndose en la arena. Una vez allí, se sentaría en una manta o, más probablemente, en un pedazo de cartón mientras aspiraba el aire cargado de salitre, y observaba las gaviotas hundiendo sus picos en las crestas de las olas. Entonces, quizás, acalorada por la larga caminata bajo el sol, su mano rozaría el agua, y se la vertería sobre los senos. Pero esa es sólo mi fantasía. Sus paseos dominicales eran probablemente hasta la pluma comunal, cargando un latón de agua en la cadera. No había patios con cordeles en el arrabal.

¿Dónde pondría a secar su ropa lavada? Me pregunto. ¿Sacaría con sal la sangre que escupía en su pañuelo? ¿Blanqueaba la tela al sol? ¿Dónde se bañaba, dónde se lavaba la cabeza? ¿Le asqueaban las cucarachas, las arañas y las salamandras que se arrastraban por la letrina? Si es que había letrina. ¿Cuáles eran sus creencias? ¿Sus miedos? ¿Sus gustos? ¿Le encantaba el mangó, como a mí, más que ninguna otra fruta? ¿Se le hacía la boca agua cuando cortaba su carne dorada? O quizás el guineo dulce, barato y abundante, era su antojo favorito. Hay tantos huecos, tan pocas referencias a su vida tronchada. Nada concreto o tangible queda de ella. Ni siquiera una fotografía. La enterraron en una fosa común, de modo que el simple consuelo de apretar mi dedo contra su nombre en una lápida es inalcanzable. Si yo no hubiera nacido de ella y viviera para recordarla, sería como si ella nunca hubiera existido. Cuando yo muera, ella dejará de ser.

La Isla de mi madre es el lugar donde todo permanece tranquilo y definido, un estado de perfección. Los psicólogos dicen que los niños pequeños buscan a sus mamás en el último lugar donde la vieron, y que esta asociación de lugar con madre perdura hasta la adultez. Esto probablemente explica mi necesidad constante de regresar a Puerto Rico, el lugar donde la vi por última vez y donde, inexplicablemente, desapareció. A pesar de sus limitaciones, Puerto Rico es mi paraíso, mi útero, el único lugar donde encuentro verdadero bienestar. Ya no tengo a mi madre, pero puedo contemplar el paisaje que fue suyo, el cielo despejado, el largo y rutilante brazo de la costa, el ojo del sol, el brillo plateado del océano. La isla es el lugar de refugio que frecuentemente abandono, pero al que, como la Ithaca de *La Odisea*, siempre regreso. Y así como mi madre fue mis ojos, mis oídos y mi piel cuando era una infante, Puerto Rico ha sido mi lugar de descubrimiento, una piedra de apoyo en el periplo que me ha llevado lejos de sus costas, al mismo tiempo que invariablemente me trae de regreso en una eterna recurrencia que imita el flujo y el reflujo de la marea. Aunque reconozco sus dificultades, esta imaginaria Isla-Utopía permanece profundamente impresa en mi ser de la misma manera que permanece mi madre ideal. Mi Isla mítica es tan intachable como la madre que vive en mi mente. Nunca podría imaginar que una palabra áspera saliera de la boca de mi madre, o que sus intenciones no fueran sinceras. De haber vivido, sería inmaculada, impecable, perpetuamente amable y comprensiva. No tuve una madre que me tranquilizara cuando fallé en algo, que me consolara cuando las cosas iban mal, una madre que me dijera que no importaba lo que pasara o lo que yo hiciera, nunca perdería su amor incondicional. Sé, sin duda, que de ella haber vivido, mi madre sería mi apoyo más constante, y su fortaleza y su ánimo me habrían hecho la vida más fácil. Nunca habría flaqueado, ni se habría debilitado. Mi madre hubiera sido una isla, plena y perfecta.

Me asomo y veo la torre de la iglesia, las grúas de las construcciones y las antenas que cruzan el horizonte. En cada estación abundan las advertencias: No Se Baje Aquí, Terreno Desigual, No Toque Los Rieles. Cuando murió mi madre, no sólo quedé huérfana de una voz, sino que vivía con un miedo terrible de quedarme ciega. Todavía me asombra el hecho de que pueda hablar sin su lengua, sentir sin su piel y ver sin sus ojos. Incapaz de escuchar la melodía de su voz, el único consuelo que me queda es hablar su idioma. El español, mi lengua materna, y los dos años que estuvimos juntas es todo lo que queda. Porque mi lengua materna es lo más tangible que poseo de ella, a pesar de mis incursiones rutinarias en el inglés, me he aferrado a la lengua que me nutrió cuando era una infante y estaba en mi momento más vulnerable. El español, lengua madre y lengua de mi madre, es el cofre que contiene el tesoro de la voz de mi madre, su entonación, la suave cadencia de sus palabras. Mi lengua materna perdura en esa preciosa primera palabra que me dijo, en el primer concepto que me ayudó a transformar en palabras, captando así la esencia del significado. Fue mi lengua materna la que me ayudó, siendo una infante, a comprender el significado del mundo que me rodeaba. Un mundo que debe haberme parecido enorme, incontenible y hostil, pero que gracias a las suaves palabras de mi madre, fue también acogedor y protector. Con su idioma, mi madre me ofreció el regalo de nombrar ese mundo y todo lo que había en él. Me dio un idioma que me permitió darle sentido al universo. Mi lengua materna me dotó con la magia necesaria para decir la primera palabra que pronuncié. Mi lengua materna me dio el poder para nombrar.

Algunas palabras engañosamente simples de ese lenguaje primordial, tienen ahora el poder de evocar poderosos recuerdos, de agitar en mí las más significativas remembranzas. Una palabra en español puede traerme el aroma del café recién colado, el olor del pecho de mi madre, los sonidos del coquí cantando en la noche. Una palabra en ese idioma original puede devolverme a un tiempo que quizás creí ya olvidado, pero que existe aún en el cerebro, imborrable, eterno. Esas palabras en español tienen el poder de contener en ellas todo lo que soy. Es por eso que siempre defenderé el derecho de los niños y las niñas a conservar el idioma de sus madres. Sé que el eliminar la lengua materna es lo mismo que anular un universo.

Esta es la primera vez que trato de reconstruir la vida de mi madre, que pongo por escrito su escueta biografía, una tarea tan intimidante como cargada de dolor y pena, por todo lo que se perdió. Su nombre era Isabel Oliveras Quijano. Nació en

Caimito, un barrio cerca de Arecibo, en la costa norte de Puerto Rico. Su mamá murió cuando era una niña, y ella y sus dos hermanas fueron criadas por Andrea Quijano, una tía materna. Su hermana mayor era una adulta joven cuando murió en un fuego. Mi madre, la hija intermedia, murió a los dieciocho o diecinueve años. Su hermana menor se casó con un hombre mayor. Después del matrimonio se volvió loca, un término elástico en Puerto Rico, que lo mismo se refiere a un varón homosexual que a una mujer con ideas extravagantes o fantasiosas, que a una sicótica. La internaron en un manicomio donde se rumora que murió por su propia mano. Las tres hermanas eran demasiado jóvenes para morir, de modo que las historias de esas mujeres, muertas tan jóvenes en la familia de mi madre, durante años me hicieron vivir convencida de que yo también tendría una muerte temprana.

Como tanta gente lo ha hecho a través de los tiempos, mi madre se mudó del campo a la ciudad en busca de trabajo. Se estableció en El Fanguito, en San Juan. Era uno de los peores arrabales de Puerto Rico, donde las casuchas de cartón y papel embetunado se montaban sobre zocos dentro del mangle lleno de lodo que recogía las aguas sucias de la ciudad. Cuando subía la marea y soplaban los vientos, la peste era insoportable. Lo sé porque de adolescente, con frecuencia visitaba allí a mis parientes por parte de padre, antes de que demolieran el arrabal y rellenaran el mangle para construir el primer tramo del Expreso Las Américas, una autopista que iría de San Juan a Río Piedras y que ahora se ha extendido a través de la mayor parte de la Isla.

Mi mamá era una adolescente, probablemente de dieciséis o diecisiete años cuando se casó y me tuvo a mí. En uno de mis viajes a El Fanguito conocí a la comadrona que me trajo al mundo. Muy apropiadamente, su nombre era doña Luz. En español, parir es dar a luz y a mí me dieron a luz de nalgas en esa casucha de arrabal en lo que tiene que haber sido un parto intolerable. Imagino que el dolor de mi madre fue como si un rayo la partiera en dos mientras yo nadaba las difíciles aguas hasta las costas de sus muslos. Aunque ambas pudimos haber muerto, mi mamá se negó a ser llevada al Hospital Municipal, convencida de que la gente va a los hospitales a morir. En esa época, probablemente era cierto. La gente pobre iba al hospital cuando ya era demasiado tarde.

Mi madre me nombró por la cantante Alba Nydia Jusino. He tratado de encontrar grabaciones de su cantante favorita, y al no encontrarlas, he tenido que conformarme con las voces y las canciones de otras cantantes de esa época: Blanca Rosa Gil, Carmen Delia Dipiní, Virginia López, buscando a mi madre en la cadencia de sus canciones, en las palabras saturadas de amor en las que ella encontraba solaz.

Doña Luz recordaba que mi mamá vivía totalmente dedicada a mí y me llevaba a todas partes. No me perdía de vista nunca, insistió. Imagino a mi mamá jovencita cruzando los tablones crujientes tirados sobre el fango, desde su casucha hasta el camino de tierra. La imagino mirando la bruma en el cielo y abriendo una sombrilla como protección contra el castigo del sol, conmigo a horcadas en su cadera. Después de mi nacimiento ya no hubo otros, y mi mamá sucumbió como una mata de guineos que produce sólo un racimo y después que ha dado frutos, es talada hasta el suelo. Me imagino cuán difícil debe haber sido para ella morir, sabiendo que me entregaba a un destino incierto. ¿Enfrentó la muerte con ecuanimidad? ¿Había alguien con ella en ese momento cuando pasó de su mundo de enfermedad y pobreza al abismo de lo desconocido? ¿Volvió sus labios resecos hacia esa persona y susurró, "cuídame a la nena", sin darse cuenta de que las promesas hechas a los moribundos casi nunca se cumplen? ¿Y yo dónde estaba? Siempre estaba con ella, según doña

Luz. ¿Presencié su muerte? Y después ¿quizás comprendiendo el profundo deseo de mi madre de que alguien cuidara de su nena, accedí a este pedido y me convertí, por su bien, en mi propia madre?

Su amor y devoción durante esos primeros años deben haber sido tan intensos que a pesar de la ruptura posterior, me dieron la fuerza interna para convertirme en lo que ella quería que yo fuera. Porque ese es el deber íntimo de las mujeres que pierden a sus madres todavía jóvenes. Construimos un concepto ideal de lo que las aspiraciones de nuestras madres, para ellas y para nosotras, pudieron haber sido y sin titubeo nos proponemos alcanzarlas. Actuamos en sus nombres, para darles sentido a sus muertes, para reparar a nuestra manera el sufrimiento y el dolor que ellas soportaron. En la novela *Nilda*, de Nicholasa Mohr hay una conmovedora escena en el lecho de muerte de la madre de la joven protagonista. La madre insta a la hija a alcanzar sus sueños porque ella nunca tuvo la oportunidad de lograr los suyos. Mohr, cuya madre murió cuando ella tenía catorce años, más tarde escribió en su espléndida memoria, *Growing Up Inside the Sanctuary of My Imagination:* "Mi madre lamentaba que moría sin haberse conocido a sí misma. Era una sensación de vacío, un hueco profundo dentro de su ser. Me hizo prometerle que alcanzaría mis metas a toda costa. 'Por favor', imploraba, 'no mueras como yo'". Así es como nosotras, las hijas sin madres de mujeres que murieron con tantos sueños destrozados y sin realizar, marchamos hacia adelante en la vida con la solemne e irrevocable misión de vivir las aspiraciones de nuestras madres. Al lograr sus sueños, nos convertimos en partes de un todo, fundiéndonos con ellas del modo que lo ha expresado tan hermosamente la poeta jamaiquina Lorna Goodison en "I Am Becoming My Mother": "Sus aguas fecundas cantaban como ríos/mi madre es ahora yo".

Con frecuencia me pregunto sobre los sueños de mi madre.

Sé que trabajaba como costurera en una fábrica de blusas en la Avenida Fernández Juncos en Santurce. Mantenía a la tía que la había criado y al hijo de la tía, un hombre lisiado a quien paseaban por el arrabal en una carretilla de madera. Después de haberse casado con ella, y no está claro el por qué se casó con ella, mi padre la abandonó. Una vez, escuché una historia que ilumina la turbulencia en que vivía mi madre. En El Fanguito vivía con una mujer y su hija adulta, quienes estaban ambas enamoradas de mi padre. Detestaban a mi madre porque con ella fue que finalmente él se casó. Las mujeres peleaban con ella constantemente, hasta que un día, durante una pelea particularmente caldeada, la empujaron a la cloaca. Mi mamá estaba encinta de mí en ese momento. He escuchado que se llevaba un chavo de pan de agua y una botella de Kola Champagne al trabajo. Ese era su desayuno y su almuerzo. Su sistema inmunológico, debilitado por el embarazo y la mala nutrición, debe haber estado desgastado. La inmersión repugnante en la asquerosidad del mangle probablemente precipitó su enfermedad. Pero, si estaba casada y encinta, ¿dónde estaba mi padre?, ¿por qué no estaba con ella?, ¿por qué estaba ella viviendo con extraños?, ¿por qué no la protegió él?, ¿por qué no estaba él presente cuando yo nací?, ¿por qué permitió que la enterraran en una fosa común?

Un artista de graffiti garabateó la palabra LUJURIA con pintura de aerosol negra en la pared de ladrillos cerca de The Marine Society y yo construyo el inevitable juego de palabras: INJURIA. Muy interesante. La lujuria es la única emoción que ha impulsado de veras a mi padre. Él y yo nunca fuimos apegados, aunque yo soy su viva imagen. Me dijo una vez que mi cara podrá ser igual a la suya, pero mi cuerpo es exactamente como el de mi madre. Desde entonces me siento como un monstruo de los antiguos mitos, una esfinge o un centauro o un grifo, un híbrido compuesto de partes disímiles, que conviven con dificultad unas con la otras. Mi padre y yo tuvimos una desavenencia, y desapareció de mi vida durante veinticinco años. Entonces apareció de nuevo, ya un anciano que buscaba a su hija mayor, queriendo saber cómo le había ido para poder morir en paz. Se maravilló de que yo hubiera llegado tan lejos, sin madre ni padre y que lo hubiera hecho sola. Nos reconciliamos por un tiempo y yo lo visité en Manatí, Puerto Rico, donde vive ahora. Nuestros encuentros eran ambivalentes e incómodos. Pero lo que finalmente me alejó de él en una ráfaga de coraje y desesperación fue su negativa a hablar sobre mi madre. ¿Qué es lo de él?, pensaba. Lo único que le he pedido en mi vida, el único regalo que podría hacerme es darme información sobre mi madre, ¿y ésta es precisamente la información que él decide retener? Su negativa era mucho peor que si me escupiera la cara. ¿Qué clase de hombre es el que le niega a su hija algo tan valioso? Porque crecí con su madre y rodeada de su familia, me enteré de todo lo que había que saber sobre él, y cualquier otra cosa que no supiera, él se aseguró de decírmela después que nos reconciliamos.

Su mamá lo dio a unos parientes cuando era chiquito y él acabó sin hogar. Deambulaba de choza en choza por las montañas de Manatí, procurándose con maña algún bocado de comida, trabajando en lo que aparecía. Tuvo que dejar la escuela después de un par de meses y consiguió un trabajo picando piedra en una cantera, por doce o catorce horas al día. La gente le caía encima a golpes por gusto. Cuando fue mayor, hacía fila en las construcciones, temprano en la mañana junto a docenas de otros trabajadores, con la esperanza de que lo cogieran ese día para mezclar cemento o para cargar cubos de gravilla. Para mejorar sus posibilidades, se aparecía con un palillo de dientes en la boca, para que el capataz pensara que acababa de desayunar y estaba lo suficientemente fuerte para trabajar. En realidad, no había comido nada durante días, me explicaba, pero esos eran los trucos que tenía que inventarse para sobrevivir. Sobrevivió robando frutas silvestres, poniéndole trampas a las serpientes y a los pájaros, y asándolos en la leña que recogía. Para cuando conoció y se casó con mi mamá, se había mudado a El Fanguito, había aprendido a manejar un camión y repartía leche. El contador de la lechería le enseñó algunos rudimentos de aritmética y de lectura porque para mantener el trabajo, tenía que saber cómo cuadrar las cuentas al final de cada día: calcular cuántas botellas de leche había vendido, cuántas se habían roto y cuántas quedaban. Siempre contaba esta parte de la historia con no poco sentido de orgullo.

Durante nuestro breve acercamiento, todo lo que hizo fue contarme estas historias de hambre y crueldad, aparentemente para justificar el haberme abandonado y no haberse ocupado de mí, y el maltrato que le dio a mi madre. Yo le insistía en que me hablara de ella, pero una y otra vez, él rehusó. Me ofreció la más trivial de las excusas: todo eso estaba en el pasado, era demasiado doloroso y no quería regodearse en ello (aunque remachó las historias de su niñez con agobiante lujo de detalles). No había nada que contar, decía. Quiso a mi mamá, se casó con ella, y ella se murió —se acabó. Al final admitió lo que yo sabía que estaba detrás de su resistencia, y es que tenía miedo de que me enojara con él si me decía lo que había pasado. Por lo que yo he ido juntando, puedo dar por sentado que mi papá se casó con mi mamá para poderse acostar con ella. La promiscuidad de mi papá era legendaria y según la gente que lo conocía bien, no había una mujer con la que él se encaprichara, que no sucumbiera a sus jactanciosos encantos. Mi madre debe haber sido una conquista difícil, que exigiría la seguridad del matrimonio antes de entregarse. Supongo que una vez que logró su placer de animal de rapiña, perdió interés en ella y la dejó, muy probablemente por una mujer llamada Delia, a quien había estado enamorando al mismo tiempo en que le hacía la corte a mi mamá. Sin pensar en las consecuencias de sus actos, sin pensar en mi madre, la abandonó encinta de su bebé en una casucha llena de extraños que la odiaban. La historia tiene una manera exasperante de repetirse, así es que no es de sorprenderse que más tarde, me abandonara a mí también.

Cuando mi mamá murió, a mí me entregaron a mi abuela paterna. La misma mujer que había abandonado a mi padre y a sus hermanos cuando él era pequeño, se convirtió en mi tutora. Antes de eso, yo viví brevemente con tití Andrea, que habiendo criado a mi mamá, estaba dispuesta a repetir el proceso conmigo, plan que interrumpió la repentina aparición de mi padre. La madre menopáusica de mi papá que vivía en el South Bronx con un esposo más joven, quería aprovechar la última oportunidad de criar un bebé que le ofrecía la vida, y yo estaba disponible. Así fue que mi papá, que no me había visto desde que abandonó a mi mamá, se apareció por el barrio de Arecibo donde yo estaba viviendo y me llevó, en un avión esta vez, lejos de tití Andrea.

Mi abuela despreciaba a las esposas de sus hijos. Este desdén no se reservaba solo para las vivas. Incluía a "la difunta", como le llamaba ella a mi mamá. A mí me llamaba "la huérfana". Nos despersonalizaba tratándonos como si fuéramos menos que humanas. Pero, yo me aferré a lo que poseía de mi mamá, aún cuando se me exigió que le dijera Mami a mi abuela, forzándome a negar la existencia de mi verdadera madre, cuya presencia debe haber estado muy viva en mi mente. Obligada a llamarle Mami a otra persona, sin poder hablar sobre mi mamá, me volví diestra en ocultarlo todo. Me convertí en una niña silenciosa y aprendí a mantener mis sentimientos ocultos en un nicho profundo donde nadie pudiera violármelos. De esa manera, perdí a mi madre otra vez.

❧ ❧ ❧

Habiendo perdido a mi madre, he pasado por la vida con el dolor de un miembro amputado. El dolor de un miembro que ha sido serruchado, pero que permanece en el nervio herido, en el tejido cicatrizado. Un dolor fantasma. Mientras mi mamá vivía, me mantenía en un lugar seguro del que nunca podría salir flotando y desaparecer. Después que murió, yo quedé a la deriva, y una irrealidad cotidiana se instaló dentro de mí. Lejos de ofrecerme estabilidad, la vida con mi abuela estaba cargada de nuevos temores de separación. Ella tenía sus propios fantasmas con que lidiar; las cargas emocionales de su caótico pasado, sus pérdidas, su lucha por vivir día a día, pero sin demasiada esperanza en el futuro. Con frecuencia, cuando la vida se volvía demasiado azarosa, cogía su maleta de cartón y abordaba un avión de regreso a Puerto Rico. No puedo recordar los muchos lugares en que viví siendo una niña. Recuerdo vagamente alguna gente de esos hogares sustitutos, y a mi abuela desapareciendo y reapareciendo, y recuerdo haber esperado, en esa manera desesperada que tienen las hijas, que mi padre, de algún modo, encontrara en su corazón la voluntad de amarme. Alterada irrevocablemente por la muerte, y habiendo experimentado tantas sacudidas, mi vida parecía ilusoria, y me sentía siempre fuera de lugar. Virginia Woolf, cuya madre murió cuando ella tenía trece años, expresa con precisión esta sensación de alienación cuando en su novela *Mrs. Dalloway*, la protagonista siente como si ella "rebanara a través de todo como un cuchillo; estando a la vez afuera, mirando. Tenía la sensación perpetua de estar afuera, mar afuera, y sola".

Esta sensación de ser diferentes y estar desconectadas que las mujeres sin madre sentimos durante nuestras vidas es comprensible pues no hemos tenido espejos que reflejaran en qué nos convertiríamos. No tuve a nadie que me guiara en ser mujer, nadie que validara mis esfuerzos, que me asegurara que mis sueños y aspiraciones no eran descabellados, que tenía el derecho de buscar mi realización personal y mi felicidad. No es una coincidencia, supongo, que hacer bien las cosas se convirtiera en una obsesión para mí. Sacar buenas notas era un imperativo, ganarme el respeto de mis maestras, esencial. Sin esta validación de los extraños, sabía que me moriría.

Siempre he sentido que he vivido dos vidas paralelas, como los rieles en las vías del tren. Una es la vida que he vivido desde que mi madre murió, la otra, la que hubiera vivido si ella estuviera aquí. Mientras me ocupo de las tareas de la vida cotidiana, no puedo evitar pensar que si mi mamá viviera, podría estar parada en la fila de pagar en el supermercado, charlando con ella sobre el calor de agosto o compartiendo los últimos chismes. Podría estar llamándola por teléfono para pedirle consejo sobre cómo bregar con alguno de sus nietos. Me imagino que si estuviera viva, en lugar de comerme un sándwich rapidito mientras edito un manuscrito, estaría yendo por su casa para ver cómo está, y ella tendría un rico asopao de camarones preparado porque sabía que yo vendría y el asopao de camarones es mi favorito.

Después de toda una vida de vivir en lugares donde he sido una extraña, ahora siento que estas vidas paralelas han convergido milagrosamente en una tercera vida. Una vida de aceptación de la muerte de mi madre y de reconciliación con las dos vidas que he vivido por haberla perdido. Sé que me he aferrado al dolor de la muerte de mi madre porque ese dolor es todo lo que me conecta con ella. Y he llegado a comprender que no es necesario dejar ir el dolor. Hay un espacio en mi corazón para el dolor y también para la nostalgia de lo que se ha perdido. Pero el dolor no tiene por qué destrozarme como destrozó a mi madre. Puedo encontrar un lugar seguro para él, un lugar donde mi madre siempre estará, y puedo dejar que el dolor de su pérdida repose ahí, inalterado. Puedo, en esta tercera vida, reavivar la relación con mi pareja, sin la expectativa de que me cuide como una madre, y sin sentir tampoco, la necesidad de ser su mamá. Puedo vivir sin el miedo constante de que la gente que amo desaparezca, sin la creencia de que a menos que sea perfecta, no soy digna de ser amada. A pesar de que todavía siento la urgencia de decirle a la gente que conozco por primera vez, "Mi madre murió cuando yo tenía dos años", y espero que esa frase me defina, a pesar de que me siento fundamentalmente diferente a las mujeres que tienen madre, puedo vivir ahora con el convencimiento de que la paz es posible porque al final del camino, mis dos vidas paralelas se han unido.

En Richmond Station salgo apurada hacia la calle. Es la hora de mayor congestión, y la gente va y viene movida por la prisa cotidiana. Me retiro del bullicio y me llego hasta el parque. Cierro los ojos y dejo fuera el ruido de los carros y las voces. Una brisa leve levanta las ramas de un árbol y siento el beso de mi madre en mi mejilla, sus labios gastados por las nanas. Estoy sentada en el océano de su falda, guiñando los ojos bajo el sol tropical, aspirando el olor tibio y salado de su brazo. La humedad mancha su pecho desnudo. Me deleito en su perfume a arena, a follaje de palma y a leche. Mientras pruebo el cuerpo de mi madre, imagino el cordón que nos une y comprendo, finalmente, cuál ha sido su regalo. Me dio una fuente inagotable de amor que me sostendría a través del viaje que tuve que emprender sin ella. Su amor me hizo fuerte, decidida y capaz. El amor de mi madre me dio la integridad esencial de mi vida.

Dolores Montañez Thomas, madre de Piri Thomas

*"Cuando de valor y de exponer su vida por los demás se trataba,
Mami no dudaba un segundo".*

꧁꧂ PIRI THOMAS

Piri Thomas es autor de la clásica memoria Down These Mean Streets
(*Vintage*) *así como de otros tres libros* Savior, Savior Hold My Hand
(*Doubleday*), Seven Long Times (*Arte Público Press*) y Stories from
El Barrio (*Knopf*).

Mami, también conocida como Doña Lola

Mami, también conocida como Dolores Montañez, también conocida como Doña Lola, nació en las lomas de Cerro Gordo, en
las alturas del pueblo de Bayamón en Puerto Rico. Mami era la
más pequeña de los seis hijos que sobrevivieron de una familia
de catorce. Mami decía que algunos habían muerto al nacer, y
que los microbios habían matado a los demás mientras eran todavía bebés. Cuando su mamá y su papá murieron en un accidente, Mami y sus hermanas y hermanos se quedaron huérfanos.
Como Mami era la más chiquita y no se podía cuidar sola, se la
habían cedido a otra gente para que sirviera de "criada", lo que

significaba que en algunos sitios la aceptaban como familia y en otros la trataban como a una sirvienta.

Durante su adolescencia, Mami aprendió a coser y consiguió un empleo trabajando a destajo en una fábrica de vestidos. Encontró un sitio decente donde vivir, y podía mantenerse. Cuando tenía dieciséis años, Catín, su hermana mayor, la invitó a que fuera a visitarla a Nueva Yawk, con idea de que si a Mami le gustaba Nueva Yawk, la ayudaría a encontrar trabajo en el distrito donde están las fábricas de ropa, y Mami podría quedarse con ella y ayudarla con la renta o conseguirse un sitio propio. Durante los cinco años anteriores Catín había estado viviendo en East Harlem, Nueva Yawk, en 110th Street entre Madison y Park Avenue. En aquel momento estaba soltera pero había un hombre muy bueno interesado en ella.

En 1926, llegó Mami a Nueva Yawk a bordo del barco SS *Marine Tiger*, que había servido de buque de transporte de tropas durante la primera guerra mundial pero desde que lo retiraron transportaba puertorriqueños a los Estados Unidos. Tía Catín, y unas cuantas amistades, estaban en el muelle esperando el barco —entre ellas un joven guapísimo, nacido en Cuba. Al igual que Mami y Catín, era huérfano, debido a la epidemia de fiebre amarilla que había dejado huérfanos a cientos, si no a miles, de niños cubanos. Su nombre era Juan Tomás, también conocido como Johnny. Había llegado a Nueva Yawk via Puerto Rico haciéndose pasar por puertorriqueño, ya que los puertorriqueños se habían convertido en ciudadanos americanos por un decreto del Congreso en 1917 mientras que los cubanos eran extranjeros. Cuando Mami desembarcó del *Marine Tiger* la recibieron con muchos abrazos. Catín le presentó al futuro Papi a Mami, y no cabe duda de que para Juan Tomás fue amor a primera vista. Mami se reservó sus sentimientos pero su sonrisa le dijo a Catín que encontraba a Juan Tomás muy interesante; un hombre galante que se había inclinado a besar su mano cuando fue presentado. Supongo que fue su galantería tradicional lo que la impresionó.

El sábado siguiente, Catín organizó una cena e invitó más amistades para celebrar el primer viaje de su hermana a Nueva Yawk. Entre los invitados estaba Juan Tomás, resplandeciente en un traje crema oscuro, con camisa crema clara, corbata, zapatos y botines que hacían juego. Mami tenía puesto un precioso vestido blanco de volantes que hacía juego con sus zapatos de piel de un blanco delicado.

El apartamento de dos habitaciones estaba impregnado del aroma de la cocina puertorriqueña y los sensuales sonidos de un bolero. Johnny Tomás le hizo un leve gesto con la cabeza a Mami, luego al grupo que estaba bailando, y con una sonrisa, Mami se metió en su abrazo, y juntos los dos causaron sensación. Bueno, para llegar al grano, dieciocho meses más tarde se casaron. Exactamente nueve meses después nací yo, el 30 de septiembre de 1928, impidiendo así que el chisme de un parto "prematuro" se regara por los barrios de Nueva Yawk o por las lomas de Cerro Gordo.

Para cuando cumplí los siete años, en 1935, ya había tres hijos. Mi hermana Lillian tenía cinco años, y mi hermano Ramón, tres. La gran depresión que cubrió el mundo en 1929, todavía pesaba fuerte sobre todos los pobres del mundo; East Harlem no era la excepción. Las filas del mantengo eran largas. La gente, con niños hambrientos a los que había que alimentar, esperaba con la mayor paciencia posible. Muchos papás y muchas mamás comían menos para que sus hijos pudieran comer más. Había más trabajos para las mujeres que para los hombres, pero por una paga menor. Papi se pasaba largas horas buscando trabajo dondequiera que pensaba que podría tener oportunidad de que lo emplearan, pero otro montón de hombres tenía la

misma idea, y en esa época, como en ésta, los negros y los more-
nos eran los últimos en ser contratados y los primeros en ser des-
pedidos. Por ser costurera, y fenómena en la máquina de coser,
Mami consiguió un empleo trabajando largas horas por una paga
bajísima, lo que era mejor que nada —que era lo que estaba ga-
nando Papi. De vez en cuando, él encontraba una que otra chiri-
pa en los puertos, donde contrataban a los hombres para hacer el
trabajo de los caballos por una paga que era un poquito más alta
que la que ganaban las mujeres. Papi odiaba estar en *home relief*
así es que con lo que Mami y él ganaban nos aguantamos sin
coger mantengo el mayor tiempo que pudimos. Yo tenía una caja
de limpiabotas y brillaba zapatos en la esquina de 103rd Street y
Lexington Avenue, un puesto por el que tenía que pelear cada
vez que montaba mi negocio. También hice mi parte para ayudar
a la familia. Me daba vueltas por el almacén de alimentos del
"rilí" donde se le repartía comida a los pobres esperando a que alguien que estuviera ya harto del "cornbif" botara las latas en el
solar vacío que quedaba en la esquina. Pero tenía que pelear para
agarrar la mayor cantidad de latas posibles porque yo no era el
único chamaco con la misma idea. Las llevábamos a Joe's Pet
Shop, donde Joe nos daba una paloma por cada tres latas de
carne. En un día bueno, yo podía agarrar bastantes latas como
para traer a casa tres palomas, y entonces comíamos sopa de paloma, paloma frita, paloma con arroz y habichuelas o paloma
con lo que fuera.

Mami se traía trabajo adicional a casa y su vieja máquina de
coser rugía hasta las primeras luces de la madrugada. Entonces,
con sólo un par de horas de descanso, se levantaba y se iba otra
vez a trabajar a la fábrica de ropa. Papi trataba de ahorrar dinero
en la electricidad insertando un pillo —un pedazo de alambre
aislado pelado en las puntas— a la caja eléctrica, para mantener
al mínimo la cantidad de energía registrada, lo que resultaba en

un buen ahorro a fin de mes. Mami, como buena cristiana, estaba en contra de que Papi usara el pillo porque eso no era honesto según la ley de Dios; pero según Papi, estaba bien que la gente pobre lo usara. Así es que cuando Mami no estaba mirando, Papi le metía el pedazo de alambre torcido a la caja de fusibles y se refería a él como "el pillo bueno", porque, después de todo, ¿no era la compañía de energía eléctrica lo suficientemente rica ya?

Mami era una de las grandes mamis de El Barrio en Nueva Yawk. Y como muchas otras mamás, era generosa en extremo. Era querida y respetada lo mismo por puertorriqueños que por los que no lo eran. Cocinaba siempre comida de sobra por si acaso llegaba alguien sin avisar. Mami sabía, sin duda alguna, si traían hambre. Si no había suficiente comida, Mami sacaba "la libretita" y uno de nosotros iba hasta La Bodega, compraba algo de comer, y la deuda se apuntaba en una de sus páginas. En un santiamén, algo sabroso estaba humeando en la olla. Muchas eran las familias que les daban gracias a Dios por la bodega y la libreta, que les permitía coger fiado hasta cierto límite, en tanto que ningún supermercado hubiera soñado con confiarles ni un vellón.

Cuando de valor y de exponer su vida por los demás se trataba, Mami no dudaba un segundo. Un día, como a eso de las cinco y media de la tarde, tuvo que ir a hacer una entrega a la fábrica de ropa. Nos dijo que estaría de regreso en una hora más o menos, y que no debíamos abrirle la puerta a nadie, ni abrir ninguna ventana, ni jugar, en ningún momento, con cuchillos afilados ni con fósforos. Mi hermana Lillian, mi hermano Ramón y yo se lo prometimos solemnemente haciéndonos una cruz en el pecho y jurándolo por nuestras vidas. Nos abrazó y nos besó a cada uno, alzó el enorme paquete de faldas terminadas y se lo acomodó en su pequeño hombro y nos dijo que era muy posible que Papi, que estaba buscando trabajo en New Jersey, llegara a casa antes que ella. Nos dijo que podíamos oír la radio, y que si nos daba hambre había leche y galletitas para hacernos una merienda en lo que ella regresaba y preparaba la comida. Luchando con su carga, Mami cerró la puerta, y con firmeza pasó los tres seguros tras ella. A través de la puerta cerrada volvió a recordarnos. "Por favor, no se olviden de lo que les dije, mis hijos". "No te apures, Mami", le grité. "No se nos va a olvidar".

Escuchamos los pasos de Mami en la escalera según fue bajando los tres pisos; nos esforzamos por seguir cada uno de sus pasos hasta que llegó a la calle. Habría sido mejor si el apartamento hubiera dado a la calle en vez de al patio, pues habríamos tenido más que ver.

Prendí la radio y la sintonicé en una estación en español, saqué unas barajas, el juego de dominó, unas revistas viejas y unos libros de muñequitos, los puse todos encima de la mesita de centro y dejé que los nenes escogieran. No sabían leer, pero por lo menos podían mirar las láminas. Me pregunté quién llegaría primero, si Mami o Papi; no es que tuviéramos miedo de estar solos ni nada, pero, después de todo, éramos unos nenes esforzándonos por comportarnos como adultos.

Pasada una hora sin que Mami o Papi regresaran, para evitar ponernos nerviosos, puse a los muchachos a preparar sándwiches de mantequilla de maní. Con los sándwiches y los vasos de leche todos nos sentimos mejor —hasta que Lillian sintió el olor a humo. Nos miramos unos a otros con aprensión hasta que yo exclamé, "Nosotros no prendimos ningún fósforo porque no cocinamos na'. Solamente hicimos sándwiches de mantequilla de maní. ¿Quién necesita fósforos pa'eso?"

Lillian y Ramón asintieron al unísono y los tres nos pusimos a caminar por el apartamento de cuatro cuartos, olfateando aquí, allá y acullá, sin encontrar ni un trazo de humo ni siquiera un chispitito de fuego. La mirada de Lillian fue hacia la ventana de escape. Miró hacia arriba y empezó a aullar como la sirena de un carro de bomberos. Había notado gruesos espirales de humo negro saliendo a borbotones del apartamento de atrás, dos pisos más arriba del nuestro. Ramón siguió la mirada de Lillian y se unió al coro, chillando aún más fuerte. "Cállense chicos, es alguien que está quemando tocineta, así es que cójanlo con calma, ¿está bien? Yo traigo una silla y abrimos el seguro de arriba y salimos esmandáos de aquí".

Más o menos en esos momentos, Mami venía de regreso de la fábrica de ropa, y cuando dobló la esquina de nuestra cuadra vio el gentío. Mucha gente salía corriendo de nuestro viejo proyecto de viviendas, y nubes de humo negro ondulaban desde el techo. Mami se abrió paso contra la corriente del gentío que venía en carrera loca tratando de llegar a la calle. Así llegó a nuestro piso donde estábamos luchando por abrir la cerradura de arriba. Parece que se trabó cuando le pegué con el martillo tratando de que la condenada cosa abriera. Estábamos atrapados, nos había llegado la hora. No podíamos salir por la escalera de escape porque las ventanas tenían rejas y candados y no teníamos las llaves. Cuando oímos a Mami gritándonos a través de la puerta que abriéramos los seguros, sentimos que había llegado el Salvador. Le contestamos a gritos que el seguro de arriba se había trancado y que no abría. Mami intentó de nuevo con sus llaves, sin éxito. Pensé entonces que nunca debí haberle pegado al candado con el pesado martillo de Papi. Tuve ganas de echarles parte de la culpa a mi hermano y a mi hermana, pero eran tan inocentes como sólo pueden serlo los nenes bien chiquitos.

"No se agiten, niños, quédense tranquilos que todo va a salir bien. Dios nos va a ayudar", nos aseguró la voz de Mami. Empezó a golpear la puerta del apartamento de al lado. "Doña Josefa, Doña Josefa", llamó Mami, "por favor, abra la puerta. Por si no se ha enterado, hay un fuego en el quinto piso pero ya mismo va a llegar hasta aquí, al tercero. Por favor, abra la puerta, señora, señora, necesito usar su escalera de escape para sacar a mis nenes, ¡que sino se me van a quemar!" Mami golpeó con más fuerza la puerta de la viejita, y yo también empecé a golpear con los puños la pared que compartíamos con el apartamento de Doña Josefa e inmediatamente se me unieron los puñitos de mis asustados hermanos. Oímos a Doña Josefa responder con voz soñolienta según se abría su puerta, y Mami, gritando a toda boca, le repitió sus advertencias sobre el fuego en el piso de arriba y le pidió que *por favor* le permitiera usar su escalera de escape para salvar a sus nenes.

Oímos a Mami entrar corriendo al apartamento de Doña Josefa sin esperar el permiso, y dirigirse a la escalera de escape en la parte de atrás. Seguimos el sonido de sus pasos al correr, y corrimos en la misma dirección. Mami se trepó por la escalera de escape y llegó hasta el lado nuestro. Observamos por la ventana mientras probaba a ver si las barras podían abrirse. Pero sin la llave, la única forma de abrir la reja era rompiendo los enormes candados. Mientras tanto, el aire iba espesándose por el humo según el fuego bajaba, devorándolo todo a su paso. Mami inspeccionó el antepecho de la ventana que daba al baño. Para llegar ahí, tendría que treparse por encima de la baranda de la escalera de escape, colocar precariamente un pie en el antepecho de la ventana, y de alguna manera abrir o romper la ventana para lograr entrar al apartamento. Observamos a Mami mientras calculaba la distancia que había de la escalera de escape al antepecho de la ventana del baño. Entonces miró hacia abajo, donde tres pisos más abajo había un patio de concreto, que yo sabía que estaba lleno de cajas y basura, botellas desechadas y tubos. Mami miró hacia el cielo que se estaba oscureciendo por el humo y oyó los aullidos que venían de la calle. Entonces, se paró en la escalera de escape de nuestra ventana, nos sonrió e hizo como si nos estuviera abrazando. Con una plegaria silenciosa, se dio vuelta y se encaramó sobre la baranda de la escalera de escape. Agarrándose con fuerza con la mano izquierda, encontró asidero en el marco de la ventana y acercó el pie derecho. Se aseguró de estar bien agarrada, y trajo el resto del cuerpo hasta el antepecho, con un movimiento firme y cuidadoso. Le rogué a Dios que Mami se agarrara bien del borde de la ventana y que no se fuera a caer y a morir entre la basura de ese duro concreto. El humo hacía toser a Mami un poquito. Empujó hacia abajo la ventana de arriba, y funcionó perfectamente, rodando con suavidad. Sin dudarlo un momento, se metió al baño, un poquito raspada pero sana y salva, y todos nos abrazamos, tosiendo.

Mami nos dijo, "Vámonos muchachos. Vamos a salir de aquí antes de que el fuego se acerque más. El humo se está poniendo espeso". Nos guió hasta la puerta de entrada donde se dio cuenta de que el pestillo del seguro de arriba se había atascado. Lo hizo girar y la puerta abrió, para regocijo nuestro. Corrimos hacia el pasillo justo a tiempo para encontrarnos con los bomberos que venían volando por las escaleras para combatir las llamas en los pisos de arriba. Un bombero grande nos guió hasta la calle, hasta una ambulancia, donde nos examinaron para ver si estábamos sufriendo los efectos de la inhalación de humo o si teníamos algún golpe. Nos encontraron bien y nos dejaron ir. Al unirnos a los muchos vecinos que desde afuera observaban boquiabiertos el progreso de los bomberos, se regó la voz de que ya habían logrado extinguir el fuego, y de abajo se escuchó un gran rugido. Lo único que faltaba era asegurase de que no quedara alguna brasa y de que el aire adentro se hubiera aclarado. Entonces todos podríamos volver sin riesgo a nuestros apartamentos.

Fue mi hermana Lillian quien alcanzó a ver a Papi que venía por nuestra cuadra con cara angustiada mientras buscaba desesperadamente a los álguienes que éramos nosotros. Pude ver el alivio en su rostro cuando todos nos precipitamos a sus brazos. "Gracias a Dios", gimió. "Tenía miedo de que algo terrible les hubiera pasado". Mami también abrazó a Papi diciendo, "No tienes que preocuparte. Yo y los nenes lo resolvimos todo *okeydokey*". Papi abrazó a Mami bien fuerte y la besó más fuerte todavía. Los nenes seguíamos agarrados de él y le decíamos la clase de heroína que había sido Mami. Lillian le contó como Mami se había trepado por la escalera de escape y había entrado gateando por la ventana del inodoro para salvarnos la vida. Hasta Ramón, el menor, aportó también sus dos chavos de aplauso. Papi sugirió que fuéramos al apartamento de Tía Catín donde podríamos darnos una ducha y lavar la ropa. Podríamos contarle a la hermana de Mami de nuestra gran aventura, y nuestra heroica mamá. Mami sonrió y le dijo que no olvidara que los nenes habíamos sido grandes héroes también. Papi dijo que podíamos comprar pollo frito y un cuarto de galón de helado de fresa. Después de asearnos, con Catín pensaríamos en alguna otra cosa divertida que podíamos hacer.

"Estar juntos, eso solo sería lo mejor del mundo", sonrió Mami.

"Yo secundo eso", dijo Papi con una gran sonrisa, y columpiando a Ramón, se lo trepó en los hombros. Mami tomó a Lillian de la mano, y yo le agarré la otra mano a Mami y le di un apretón. Mami también me dio un apretón y yo supe que en nuestro mundo, todo había vuelto a estar bien. Después de todo, con Mami de mamá, y con ella casada con mi gran papá, ¡estar juntos, en familia, era lo mejor del mundo!

¡Punto!

Gustavo Pérez Firmat en brazos de su mamá,
La Habana, 1949

"Mamá era la persona más fuerte que él conocía,
pero también la más vulnerable".

Nació en la Habana, Cuba, y se crió en Miami, Florida. Ha recibido becas de The National Endowment for the Humanities, The American Council of Learned Societies, *y de la Guggenheim Foundation, y actualmente ocupa la cátedra de Humanidades David Feinson en Columbia University. Sus numerosos trabajos de crítica literaria y cultural incluyen* Literature and Liminality *y* Do the Americas Have a Common Literature? *(ambos publicados por Duke University Press), y* Life on the Hyphen: The Cuban-American Way *(University of Texas Press) que fue distinguido con el Eugene M. Kayden Universiy Press National Book Award. Su poesía, tanto en español como en inglés, está recogida en los poemarios* Carolina Cuban, Equivocaciones, *y* Bilingual Blues. *Sus libros más recientes son* Cincuenta lecciones de exilio y desexilio *(Ediciones Universal) y la novela* Anything But Love *(Arte Público). Como el Frank de la historia que sigue, Gustavo Pérez Firmat es también el autor de la memoria* Next Year in Cuba: A Cubano's Coming of Age in America *(Anchor Books) publicada también en español en una traducción del propio autor.*

El disgusto

Estaban a mitad de la comida cuando sonó el teléfono; era su padre. "Sabes, tu mamá soñó contigo otra vez". La puso al teléfono.

"A ver, Mami, ¿qué hice esta vez? ¿Quemé la casa? ¿Ahogué a mi hija?"

"Ay, hijo, me diste otro disgusto".

Escuchando el relato del sueño de su madre —a diferencia de los suyos, los sueños de ella eran siempre sorprendentemente detallados— a Frank no le importaba en que consistía este disgusto, sólo que era otro más, una continuación imaginaria de la pesadilla que en la vida real ya le había infligido.

Para su madre todas las tribulaciones, todas las tragedias, todas las innumerables cosas que, deliberadamente o sin querer, la gente hace para lastimar o fastidiar a los demás, todas las enfermedades y las calamidades que nos visitan en el transcurso de nuestras vidas —todo se reducía a una palabra: disgusto. A Frank le costaba trabajo traducir esta palabra al inglés, un lenguaje con muchos más nombres para la alegría que para el dolor. *Disgust* no servía, porque *disgust* sugiere una repulsión visceral ausente en el cognado en español; palabras como *heartache* o *disappointment* se acercaban más al significado exacto ya que expresan un agravio íntimo. Los disgustos son siempre personales; la causa puede ser un ciclón, una epidemia de tifoidea, o la caída del mercado de valores —no importa. Sigue siendo una afrenta personal, un ataque al derecho de la persona a la paz y la tranquilidad; un disgusto.

Lo que Frank había hecho para provocar el disgusto de su madre, dos años antes, había sido escribir un libro. El había escrito libros anteriormente, demasiados; libros de texto que le enseñaban a jóvenes norteamericanos a pedir direcciones y a ordenar comida en español. Estos manuales tenían portadas vistosas y títulos llamativos como *¿Qué pasa?*, *¿Qué tal?*, *¿Y qué?* y *¿Qué se cuenta?* Su madre los exhibía con orgullo en la sala, junto al juego de pastores de Lladró. Pero este libro era diferente. La portada mostraba una foto en blanco y negro de Frank cuando tenía seis o siete años, de pie en la esquina de una calle de La Habana, junto a sus padres. Adentro estaba la historia de su familia.

Cuando su madre se enteró de que Frank estaba escribiendo un libro sobre la familia, le advirtió, "Espero que nos trates con cariño en este libro porque yo veo esos programas de entrevistas en la televisión, y a los padres siempre se les echa la culpa por todo".

Él le aseguró, sin creérselo del todo, que el libro no haría ninguna revelación embarazosa sobre nadie, ni siquiera sobre él mismo. Le dijo que lo que quería era comprender, no culpar; pero él ya sabía, sin haber escrito más que unas páginas, que algunas de sus opiniones molestarían a su madre. Ella solía acudir a una explicación de cinco letras para sus disgustos: F-I-D-E-L. Estaba de acuerdo con ella la mayoría de las veces pero había disgustos que ni siquiera Fidel podía explicar. Su madre siempre se quejaba de que en el exilio su vida había sido un rosario de disgustos. Él quería comprender por qué, aunque a su madre sus explicaciones siempre le sonaban demasiado sicológicas, y la sicología era cosa de americanos.

Terminó el libro en sólo unos meses porque había estado escribiéndolo en su alma durante veinte años. Cuando recibió los primeros ejemplares, le envió uno por FedEx a su madre en Miami, y enseguida se largó para la playa con su hija. Una semana después, bronceado y descansado, y algo aprensivo, la llamó.

"¿Cómo pudiste escribir estas cosas, Yunior?" Estaba al borde de las lágrimas. Como Frank llevaba el mismo nombre que su padre, su madre siempre lo llamaba por este apodo, que él detestaba. "¿Qué va a pensar la gente de nosotros, y de tu padre?"

Estaba afligida de que hubiera escrito sobre los primeros años de exilio —tiempos duros y tristes, tiempos de penas y penurias, cuando él y sus hermanos se turnaban para dormir en el piso de la sala porque la casa era muy pequeña. Sin embargo, para Frank y sus hermanos, dormir tres en un cuarto había sido una fiesta; era como ir *camping* dentro de la casa noche tras noche. Pero a su madre le había causado mucha tristeza. En su libro Frank describía a su madre recogiendo las sábanas y las frazadas todas las mañanas, y doblándolas, y guardándolas debajo de los cojines del sofá. Allá en Cuba, ella era dueña de una casa con suficientes cuartos para todos sus hijos, y criadas suficientes para ir recogiendo detrás de ellos. Frank quería mostrar cuánto ella había perdido, cómo había cambiado su vida en el exilio; pero su madre no lo vio así. "Cuando mis amigas lean esto, se me va a caer la cara de vergüenza".

Entonces estuvo mucho tiempo —por lo menos eso le pareció a él— enumerando todos las equivocaciones e inexactitudes en el libro. Había olvidado mencionar algunos parientes (era cierto), había errado en algunas fechas (culpable también) y había confundido algunos incidentes de su niñez con la de su hermano (sí, pero es que él y Carlos eran inseparables). Pero lo peor que había hecho, además de revelar que había dormido en el piso, fue mencionar que durante un breve periodo de tiempo su padre había recibido ayuda del gobierno de los Estados Unidos. Su madre juraba que eso nunca había ocurrido, que ellos jamás les habían cogido un kilo a los americanos; sin embargo, Frank recordaba haber visto los cheques verdes perforados encima del mostrador de la cocina.

Después de terminar su enumeración de errores, la madre de Frank amenazó con escribir su propio libro para dejar en claro la historia de la familia: *Lo que Yunior no dijo*. "Entonces tú y yo podemos ir a *Oprah*, y darnos gritos como hacen los americanos".

A Frank le entristecía comprobar cuán distintos eran el libro que él había escrito y el libro que su madre había leído. Donde él había escrito dolor, ella había leído resentimiento. Donde él había escrito cariño, ella había leído despecho. Donde él había escrito esperanza, ella había leído desamparo. Para él, el libro era un homenaje a su familia; para ella, una humillación.

Cuando al fin y al cabo ella colgó el teléfono, él se sentó e hizo una lista de todos sus lapsos con la esperanza de poder corregirlos algún día. Si su madre escribía su versión, como había amenazado que haría, ¿sería tan difícil para ella escribir sobre él como había sido para él escribir sobre ella? De todos los capítulos en el libro, el capítulo sobre su madre fue el que más trabajo le había dado, porque más que ninguna otra persona en su familia, para él, ella era un enigma. A su padre lo podía comprender. Para comprender a su padre todo lo que tenía que hacer era mirarse en el espejo. A sus hermanos los entendía también, porque cuando los miraba a ellos se veía a si mismo. Le había sido fácil escribir sobre padres e hijos, tías y sobrinos, primas y hermanos; pero escribir sobre su madre, eso era otra cosa. Mientras más pensaba sobre ella, más esquiva le resultaba, como una emoción sin nombre.

Y sin embargo, era ella quien le había inculcado el hábito de anotar sus pensamientos y recuerdos; era ella quien lo había hecho escritor. Su padre era un hombre inquieto y práctico que en su vida había escrito una oración. Pero su mamá estaba siempre escribiendo algo —cartas a sus amistades, noticas para sí misma, recetas para la cocinera, listas de tareas para las criadas. Una de las posesiones de las que estaba más orgullosa era un armario repleto de álbumes de fotografías cuidadosamente anotados, en los que ella registraba los lugares, las fechas, y las listas de invitados de todos los nacimientos, bautizos, graduaciones, bodas y funerales de la familia. Como les dedicaba un juego de álbumes diferente a cada uno de sus tres hijos, escribía siempre sus notas dirigiéndose al hijo en cuestión, sin importar la edad que tuviera al momento del evento. El álbum de boda de Frank empezaba: "Te casaste el 12 de agosto de 1975, a las 7:35 de la tarde, en la Iglesia The Little Flower en Coral Gables, Florida. El Padre Jeffrey Vaughn ofició en tu boda".

Cuando Frank le preguntaba por qué se esmeraba tanto en sus anotaciones, solía responder, "La memoria es peor que Fidel; la memoria lo cambia todo". Y explicaba: "Si yo apunto estas cosas, serán siempre verdaderas para ti y tus hijos y tus nietos". Porque los álbumes de su madre habían sido para Frank la fuente de mucha información en su libro, él hasta había llegado a pensar en ella como su colaboradora secreta, la segunda autora de su libro, tan responsable de la historia de su vida como lo había sido de su vida misma.

A la vez paciente e irascible, sumisa y severa, la madre de Frank era la persona más fuerte que él conocía, pero también la más vulnerable. La fuente de su fuerza era la misma que la de su vulnerablidad: su familia. A Frank le parecía que su madre, a diferencia de él, nunca usaba la primera persona del singular. Vivía en plural. Cada vez que contaba cuentos, cosa que hacía con frecuencia, el sujeto de todas sus oraciones era "nosotros", como si lo que la afectaba a ella sola, cualquier anhelo no satisfecho o remordimiento secreto que pudiera haber tenido en su larga vida, no importara. Cuando era todavía una niña, sus hermanos y hermanas le decían Mami Chiquita porque ya entonces había asumido el papel de protectora de la familia.

He aquí un episodio que para Frank resumía la manera de ser de su madre: Cuando su hija Emily todavía era muy chiquita, la mamá de Frank recibió una carta de su hermano menor, a quien ella no veía desde Cuba. Al principio simpatizante de la Revolución, él se había quedado en la isla cuando el resto de la familia se fue. Cuando por fin salió, enfermo y amargado, se instaló en Nueva York, donde vivió por años sin tener ningún contacto con sus hermanos. Entonces, un día le escribió a su hermana, a su Mami Chiquita, para decirle que estaba muy enfermo y quería pasar sus últimos meses en Miami, junto a los suyos. Frank recordaba haber visto a su madre llorando mientras leía la carta. Entonces, ella se sentó a la mesa del comedor para escribirle una respuesta a su hermano Ricardo. Con su nieta Emily en las piernas, compuso una carta ofreciéndole a su hermano su casa y pidiéndole perdón por la distancia que los había separado. Así era ella: la aguja que cosía los rotos en el tejido familiar.

Él recordaba otras cosas de su madre: el misal de canto dorado reventando de estampitas religiosas…las veraniegas tardes de canasta en el patio de baldosas…el salir de la escuela temprano para ver la doble tanda de las películas americanas…el buscar debajo de las butacas del cine por si había bombas…el llorar todo el camino hasta la escuela porque no quería separarse de ella.

Entonces recordó algo que había querido olvidar, un incidente del que se había prometido que nunca escribiría o hablaría. Ni siquiera estaba seguro cómo llamarlo —una pelea, un malentendido, una pesadilla, otro disgusto. Cuantas veces pensaba en su madre, esta cosa innombrable lo obsesionaba; cuando sentía que estaba a punto de asomarse a su conciencia, se obligaba a reprimirla. Era el tipo de recuerdo que le hacía subir el volumen del televisor o romper a cantar sólo para ahogar los gritos dentro de su cabeza. Quizás una de las razones por las que le parecía tan difícil escribir sobre su madre era que tenía que evadir este incidente. Era como un peñón en la carretera no lo dejaba pasar, y él carecía de fuerzas para moverlo.

Sucedió la Navidad después de su segundo divorcio. Todos los divorcios dejan cicatrices, pero éste fue especialmente doloroso porque el sentimiento de traición había envenenado la actitud de Frank hacia toda una cultura. Afortunadamente, el segundo matrimonio había sido breve y no produjo niños. Aún así, la amargura persistía —para Frank, porque no podía creer que una americana lo hubiese abandonado; para Emily, porque su vida había sido desbaratada una segunda vez; y para la mamá de Frank, porque estaba convencida de que su hijo, habiéndose disuelto su primer matrimonio, no había hecho lo suficiente para que su segundo matrimonio durara. De sus tres hijos, Frank era el único que se había divorciado —¡y dos veces! Cuando Frank dejó a su primera esposa, su mamá añadió en lápiz, en el margen del álbum de boda, después de la oración que indicaba la fecha del matrimonio, "por primera vez". Ahora tenía que revisar los apuntes para el segundo matrimonio también.

Ella tenía por costumbre celebrar la Nochebuena en su casa en Miami con aquellos de sus hijos y nietos que pudieran asistir. Año tras año había rechazado las invitaciones de Frank a pasar la Navidad en North Carolina con él. Pero ahora que él estaba viviendo solo y no podía ir a Miami tanto como antes, quería mostrarse solidaria con su hijo y su nieta. Si él no podía reunirse con la familia para Navidad, ella le traería la familia a él.

El papá de Frank se negaba a volar porque tenía miedo de que secuestraran el avión y se lo llevaran para Cuba; así es que sus padres hicieron el largo viaje en tren hasta la capital del estado. Llegaron a tiempo para el cumpleaños de su padre, el 17 de diciembre, que casualmente también era el cumpleaños de la mujer con quien Frank estaba saliendo. Su mamá no estaba muy entusiasmada con que él estuviera enamorado de Debbie, otra americana más; pero Frank, después de muchos titubeos, había decidido probar suerte otra vez. La primera esposa de Frank, una

cubana, no se había vuelto a casar, y su madre no perdía la esperanza de que a Frank se le pasara el embullo con las americanas y
volviera con Marta, alguien que lo entendía de verdad.

Los primeros días de la visita fueron algo incómodos pero
tranquilos. Los venados que venían a beber al riachuelo que corría por detrás de la casa y la nieta que no se estaba quieta un minuto bastaban para mantener a su madre contenta y ocupada. Su
padre, quien era más difícil de entretener, leía los periódicos del
pueblo, veía la televisión y exploraba el vecindario. Frank le
cedió a sus padres su habitación para que pudieran tener mayor
privacidad. Él dormía en el sofá de la sala, como había hecho
cuando era un adolescente.

La mañana de Nochebuena, sus padres tomaron prestado el
auto y se llevaron a Emily hasta el *mall* para unas compras de última hora. Cuando regresaron, Debbie ya había llegado para
ayudar con los preparativos de la cena. La mamá de Frank se
había ofrecido a cocinar una pierna de puerco bien sazonada, su
especialidad, mientras que Debbie aportaría un pavo relleno y
salsa de arándanos. Las hermanas de Debbie iban a traer el vino
y los postres.

Después de envolver los regalos, su madre se fue al cuarto.
Media hora más tarde estaba allí todavía. Frank tocó a la puerta
y preguntó si pasaba algo.

"We're fine, Yunior", dijo su madre. Pero por el tono de voz él
se dio cuenta de que no lo estaba. Tocó otra vez.

Su padre abrió la puerta. Tenía puesto el abrigo azul que
había traído para la visita. Se veía raro con él. Este hombre tan
delgado que nunca usaba otra cosa que no fueran guayaberas, parecía otra persona envuelto en burbujas de relleno y tela. Su
madre estaba recostada en la cama, leyendo la biografía de Na-
poleón que había comprado en el centro comercial. Levantó la
vista del libro, "¿Sí?"

"*Are you okay, Ma?*" Así era que él le decía cuando le hablaba en inglés. Un pequeño desquite por todos los años que ella lo había llamado "Yunior".

Ella suspiró. "¿Cómo puedo estar bien cuando veo lo que le está pasando a mi nieta?"

"¿De qué hablas, Ma?"

"Del mal ejemplo que le estás dando".

"¿Ejemplo de qué?"

"Tú y tus hermanos jamás vieron nada parecido en nuestra casa".

"No sé a qué te refieres".

"A ti y a tu amiga".

Aquella mañana, durante la salida con sus abuelos, Emily había comentado que "la amiga de Papi" a veces pasaba la noche con ellos en la casa.

"Esto no tiene nada que ver con Emily", dijo, sabiendo que estaba equivocado. "Además, Debbie es mi prometida".

"Lo que estás haciendo muestra una falta de respeto hacia tu hija, y hacia la madre de tu hija".

La amistad de su madre con Marta, la madre de Emily, era un punto sensible y él trataba de no tocar el tema. Hacía siete años que había dejado a Marta, pero su madre hablaba de ellos como si él y Marta todavía estuvieran casados.

"No metas a Marta en esto", dijo.

"Entonces, piensa en tu hija. ¿Tú quieres que cuando ella crezca se comporte así?"

"¿Así cómo?"

Su mamá se quedó callada un momento. Cerró el libro y lo colocó en su falda. "Como una puta".

No podía creer que su madre acabara de llamarle puta a Debbie, la mujer de quien él estaba enamorado, con la que pensaba casarse algún día, que en ese mismo momento estaba abajo horneando *brownies* con Emily.

"No es verdad", soltó abruptamente, sin saber qué otra cosa responder. "Debbie no es una puta". Pero al oírse le pareció que negarlo era casi como admitirlo.

Su madre se levantó de la cama. A pesar de tener más de sesenta años, no había perdido su agilidad. Uno de sus pasatiempos favoritos era montar bicicleta con sus nietos. Frank se dio cuenta de que estaba furiosa. Él conocía estos arranques de ira, y les temía. Su madre podía ser la persona más cariñosa del mundo, pero cuando se ponía brava, te podía hacer trizas.

"Y déjame decirte otra cosa", dijo, casi gritando. "Todavía tienes unas cuantas lecciones que aprender de tu padre sobre lo que quiere decir ser un hombre".

Con un tabaco sin prender en la mano, su padre miraba por la ventana hacia la casa de enfrente. Su política de muchos años era mantenerse fuera de todas las discusiones entre su esposa y sus hijos. Pero finalmente dijo, "Tu madre tiene razón, Frank. Yo no te crié para que te comportes de esta manera".

Frank sabía que su padre no lo había criado; su padre lo había visto crecer, que no es lo mismo. Pero hacía tiempo que Frank había decidido no tocar el tema. Este era otro de los acuerdos a los que había llegado consigo mismo para evitar disgustos. Así es que no dijo nada.

Bajando la voz, su madre le dijo: "Yo te miro y me doy cuenta de que no eres un hombre feliz, Yunior. ¿Cómo vas a serlo? Tú sabes que esto es inmoral. Ninguna mujer decente hace esto. Si tú fueras un hombre como debe ser, le dirías que durmiera en su propia cama, donde le corresponde".

"Mira, Mami, éste no es el momento de hablar de eso". Recordaba demasiado bien otras discusiones.

"Está bien, lo que tú quieras, hijo. Pero en Cuba una mujer así era una puta".

Entonces fue que ocurrió. Sintió como un corrientazo de rabia que le subió por las piernas y lo hizo cerrar los ojos. No sabía de dónde le venía todo ese coraje, y no lo quería saber. Con los ojos todavía cerrados, lanzó un golpe. Cuando los abrió, su madre estaba sentada a la orilla de la cama, agarrándose un lado de la cara. Su padre se abalanzó hacia él y Frank volvió a golpear. Sintió que el puño se enterraba en los cuadritos acolchonados del abrigo de invierno. Entonces salió corriendo del cuarto y bajó las escaleras. En la cocina, Emily y Debbie estaban decorando los *brownies* con M&M.

Esa noche, los padres de Frank conocieron a los dos hijos adolescentes de Debbie, que estaban pasando las navidades con su madre, y a su hermana. Al presentar al compañero de la hermana, Frank tuvo cuidado de llamarle "esposo", aunque en realidad era lo que su madre hubiera llamado "mari-novio". No se dijo una palabra de lo ocurrido esa tarde. Después de la comida, las familias Guerra-O'Neal intercambiaron regalos. Debbie pasó la noche con Frank en el sofá.

El día de Navidad por la mañana, la madre y el padre de Frank tomaron el tren de regreso a la Florida. En la estación de Amtrack, al despedirse de su hijo mayor, la madre de Frank le susurró al oído, "Qué Dios te ilumine, mi hijo."

La noche que el padre de Frank lo llamó por la pesadilla de su madre, Frank había estado preparando un ejercicio sobre los apelativos afectuosos, esos vocablos que se usan para expresar cariño en español: amorcito, cariñito, corazoncito, pedacito de mi alma. Habían pasado diez años desde esa Navidad, y todavía estaba casado con Debbie, con quien había tenido otra hija (le pusieron Carmen Ana en honor de su madre). En todo este tiempo ni él ni sus padres habían mencionado nunca el incidente de los puñetazos. Pero cada vez que llamaba a su madre, cosa que hacía todos los domingos por la noche, tenía la sensación de que su charlar animado era una manera de tapar lo que realmente quería decirle.

A través de los años Frank había tratado de pedirle perdón a su madre con gestos pequeños, discretos, casi imperceptibles; pero no estaba seguro si ella se daba cuenta, ya que nunca decía nada. Sí le parecía que su mamá ya no lo trataba con el mismo cariño, aunque no podía decir exactamente por qué se sentía así. Sospechaba que si alguna vez el incidente surgía en una conversación, su madre negaría que había ocurrido.

Cuando colgó el teléfono, después de haberle asegurado que Carmen Ana estaba bien (la pesadilla había sido sobre ella), Frank se encerró en su despacho frente al bosque y decidió de una vez por todas escribir sus memorias de la peor Navidad de su vida. Necesitaba sacárselo de adentro. Quería confesarse, hacer un acto de contrición, dejarle saber a su madre que la vergüenza no lo abandonaba nunca. Pero después de escribir un par de oraciones se detuvo. Temía que su madre malinterpretara su propósito, y que en vez de mejorar las cosas entre ellos sólo consiguiera darle un nuevo disgusto.

Con una profunda sensación de culpa y alivio, borró las palabras de la pantalla.

Liz Balmaseda con su mami, Ada Mas Balmaseda,
a bordo del SS *Sovereign of the Seas,* diciembre, 1996.

*Seis meses antes, Ada había sido diagnosticada con cáncer de seno
metastizado en pulmón, y recién comenzaba la quimioterapia.
"En el casino, Mami está en otro mundo, Dios me la bendiga".*

LIZ BALMASEDA

Ganadora del Premio Pulitzer para comentaristas, Liz Balmaseda es columnista del Miami Herald. Con Pedro José Geer es autora de Waking Up in America: How One Doctor Brings Hope to Those Who Need It. *(Simon & Schuster). Al momento trabaja en un libreto con la cantante Gloria Estefan.*

Viajes con Mami

Le da vueltas a la última monedita plateada entre los dedos, acariciándola, primero por un lado y luego por el otro, como queriendo despertar al genio que lleva escondido. Parece estar en trance, suspendida en el brillo del neón, de las fruticas que giran dentro de las tragamonedas, de los siete revoltosos, de los diamantes temperamentales, de las deslumbrantes bolas de fuego. ¿Cuál? ¿Cuál se quedará con su último dólar? Me doy cuenta de que anda buscando la Rosa Salvaje, la misma que le dio tanta suerte en Reno, entregándole un cha-cha-cha de tres rosas rosadas, una al lado de la otra, y una dulce cascada de mil pesetas.

Pero este casino no tiene tragamonedas con rosas. Le echa

una mirada a los progresivos, pero naa…tendría que echarle tres monedas para ganar el premio gordo. Así es que se dirige a los siete de las viejas y confiables blancas y negras. Con aire ceremonioso, cuela la moneda por la ranura, inhala el vaho cargado de humo del casino y hala la palanca, poniendo así en marcha un borrón grisoso, y, finalmente, una barra de chucherías que no hacen juego entre sí.

Nada.

Del bolso, saca una toallita envuelta en papel de aluminio, y se frota los dedos para quitarse las manchas de las monedas.

Vamos.

Bueno, ya era ahora, me digo entre dientes, ya hacía rato que había llegado al límite de mi tolerancia por este circo. Llevo dos horas tratando de salir del casino. Coño, llevo dos días tratando de salir de Nevada. Juzgando por la nostálgica mirada que le echa a éste, el último casino en Wendover, la última parada posible en el noreste de Nevada, árido e incoloro excepto por sus ruidosas maquinitas, uno pensaría que nos estamos yendo de Cuba otra vez. Adiós, Tropicana, parecen decir sus ojos húmedos. (Naturalmente, no se refiere al cabaret bajo las estrellas de La Habana, sino al hotel en Las Vegas, donde con su suerte haló una palanca y se ganó dos boletos para ver las coristas en la revista musical de esa noche.)

Pobre Mami. Ha probado todas las tácticas dilatorias que se le ocurren:

"Ay, tengo que ir al baño de nuevo".

"Oye, ¿tú no tienes hambre?"

"Mira, el buffet cuesta solo cuatro noventa y cinco. Podemos hacer la cola aquí, al ladito de las maquinitas, ¿tú no crees?"

Pero ella sabe que se acabó. De aquí nos vamos. Ahora Utah, estoica, libre de casinos, nos espera. Hemos cubierto ya casi dos terceras partes de nuestro recorrido a través del país. Este es el día número diecisiete, lo que quiere decir que todavía tenemos que pasar por Utah, Colorado, Kansas, Missouri, Indiana, Kentucky, Tennessee, Georgia, y la Florida antes de llegar a casa, en Miami.

La razón por la cual estamos cruzando el país en automóvil es porque mi mamá no vuela —por lo menos, no en avión. Y si por una extraña casualidad accediera a abordar un avión con destino a Las Vegas, no tendría con qué pagarme para que yo me montara con ella en ese avión. ¿Están locos? No hay Xanax suficiente en todo Miami. Así es que viajamos por trenes y autobuses. Y manejamos, a gran velocidad por las autopistas interestatales, en mi Infiniti G-20 blanco del 1995, ella Thelma, yo Louise, en una excursión por los Wal-Mart de América, irrumpiendo en el Motel 6, varias horas después de que cierra el vestíbulo, atacando el buffet continental (panetela de blueberry: 23 gramos de grasa), pasando disparadas por los come-y-vete donde paran los camioneros —ella preguntándose por qué no venden el *Hola* en el kiosko de periódicos, y yo preguntándome por qué no ofrecen masajes de butaca— trazando obedientemente nuestro viaje en un mapa con los dobleces bien marcados, en el que la señora de la AAA ha marcado 2,700 millas con Hi-Liter anaranjado.

Ha sido, también, un viaje en términos metafóricos. Para mi madre, este es el viaje de su vida —bueno, el segundo viaje de su vida, si contamos el viaje de veinticinco días que hicimos a través del país el año pasado. Esta vez, le brillan los ojos cuando, el segundo día, entramos a Mississippi.

"Yo sé que ésta es la última vez", me dijo en una leve vocecita de niña, que apenas se oía por encima de la melodía *Carretera*, de Julio Iglesias.

"Mira, Mami", la interrumpo, tratando de distraerla, Biloxi, dieciséis millas.

Y se animó en seguida con la visión de todos esos rutilantes casinos anclados en el golfo, tentándonos entre los macizos robles cubiertos de musgo.

Habíamos estado hablando de todo y de nada, de las cosas que sólo se comentan con extraños en un avión o en un largo viaje por carretera, en una zona segura lejos de las reglas del Miami cubano.

Me había vuelto a contar los cuentos y los sueños de su dura niñez, sobre cómo ella, la hija de un carpintero, todas las noches, antes de dormir, imaginaba un futuro como pianista de concierto o como poeta y declamadora en un escenario con telón de terciopelo. Pero la vida en Puerto Padre, un pueblo costero bordeado de cañaverales, sólo le dio una educación de quinto grado, largos paseos en la tarde por la plaza del pueblo, raciones que había que compartir con cuatro hermanas y un hermano. También le regaló un día de verano en la playa en el que el hijo de un rico dueño de ingenio, al verla pasear por la playa con sus hermanas, declaró en voz alta que se casaría con ella. Ese era mi padre. Yo nací unos años más tarde, diecisiete días después de que los barbudos de Fidel Castro bajaran de las montañas.

Puerto Padre, con sus estrechos caminos de tierra y sus espléndidas palmas reales de tronco blanco, su florido elenco de personajes apodados El Camello, El Chivo, El Conejo, junto con el manicero, el guitarrista trovador que cantaba al pie de la ventana abierta de Abuela Julia, el pobre patán, que se ganó la lotería y malgastó la fortuna en zapatos que le apretaban los callos, o el otro pobre patán que armó un auto en la sala, sólo para preguntarse después cómo lo sacaría de allí, todavía brillan en la memoria de Mami cuarenta años después de haberse marchado. Nunca se halla lejos de esos paseos parlanchines ni de la dulce pobreza de su juventud, de aquéllos días en que el gran final de una comida era una lata de frutas que con suerte podía ponerle en la cuenta a su madrina, una china que era dueña de la dulcería del pueblo.

"En mi corazón, todavía tengo quince años", repite su frase favorita con un suspiro. Y sé que es cierto —Mami siempre ha sido la misma niñita. Nada en su vida ha sido lo suficientemente poderoso para borrar esta actitud, ni el abrupto exilio de Cuba, ni los casi quince años de separación forzosa de sus padres, ni los arduos años de explotación en las fábricas americanas, primero de costurera, y después ya con más de cincuenta años, de sorteadora de papel en una línea de ensamblaje en una oscura imprenta —ni los crueles e impredecibles vaivenes de la menopausia, ni el cáncer y todos sus ecos siniestros.

A los siete años yo era su intérprete, en los días de visita en mi colegio, en las consultas de los médicos, en el mostrador del *layaway* en Kmart. A mí me tomó un divorcio y una profunda búsqueda interior para poder reconectarme con mi "quinceañera interior". Mami no necesitó nada de eso —su quinceañera estuvo siempre ahí, con campanitas. A veces, yo, la mayor de sus tres hijos, parecía la adulta cautelosa que chaperoneaba sus travesuras, en vez de ser a la inversa. Siempre deslumbrada por los famosos, me arrastraba hasta la puerta del teatro después de los conciertos de Julio Iglesias para verlo de lejos. Su fascinación con la farándula me hizo ruborizar más de una vez. Como cuando arrinconó a Oscar de la Hoya y le ordenó que dejara de boxear para que protegiera su "cara linda". O cuando estaba yo entrevistando a su ídolo, Julio, en su mansión en la isla, y al abrir mi maletín me encontré con que mi madre me había metido allí una copia de su autobiografía con esta nota: "Lizi, favor pedirle a

Julio un autógrafo…" Y también está la tarde de los muchos ramos de flores después de los Premios Pulitzer, en la que Julio me envió un arreglo espectacular. "*¡Hey!*" gritó un compañero de trabajo al ver que un joven se llevaba dicho arreglo. "¿Esas no son tus flores de Julio?" Efectivamente, mi mamá había enviado a mi hermano, Eddie, a buscar las flores para "echármeles agua".

Recuerdos como éstos guiaron nuestro viaje a través de los Estados Unidos. También analizamos la obsesión de mi abuela ya fallecida con la raza. Nunca pude entender el miedo que le tenía Abuela Julia a la negritud —¿como podía alegar quererme a mí, la nieta del pelo africano "malo" y temerle a todo lo negro? Sucede, me contó mi mamá, que los papás de Abuela habían desterrado a su hijo, el hermano de Abuela, cuando éste se casó con una mujer negra y procreó un montón de "mulatitos". Pero resulta que Abuela fue la única de su familia que se atrevió a viajar a la Habana a visitar a los niños parias y se inflaba de orgullo cada vez que sus sobrinitos negros le gritaban, "¡Tía, Tía!"

¿De verdad? Quedé sin aliento, permitiendo que un tibio dolor se esparciera por mi pecho. Ay, mi abuelita.

Después de una pausa cortés mi madre me devolvió la puya: "Como si tú pudieras hablar de racismo —tú que ni siquiera miras a un hombre si es blanco".

Y sonrió todo el camino hasta Biloxi.

La observé moverse entre el barullo del Gran Casino, lista para quedarse jugando, en sus tenis New Balance y su bolsita. Sus ojos miraban para todas partes mientras yo le canta-leteaba las reglas: 1) No te alejes de esta sección; 2) No te olvi-des de tomar agua; 3) No te olvides de hacer pipi —el baño de damas está justo al lado de las máquinas Black Tie.

Seguí su cabeza canosa mientras zigzagueaba por aquel extra-ño lugar sin fijarse siquiera en los extravagantes adornos de la cultura de casino americana. ¿No los verá? me pregunto cuando la veo acomodar su cubito plástico lleno de pesetas junto a una pelirroja de ojos vidrioso que como un robot le pega al botón de "girar" de su máquina *Lucky Sevens,* un cigarrillo colgando de sus labios color mandarina. Mi mamá, perdida en su carnaval en-cantador, no pareció darse cuenta que la mujer tosió y escupió un nudo de flema en los residuos de su coctel. En el casino, Mami está en otro mundo, Dios me la bendiga. Donde yo veo borrachos y gente gorda, ella ve un arcoiris de neón. Donde yo oigo el estruendo ensordecedor de ofrecimientos vacíos, ella es-cucha la seductora algarabía de una promesa.

En el fragor del juego, sus ojos se encienden, la respiración se le acelera, los cachetes se le ponen rosados. Es así con cualquier juego, cuanda raya los billetes de la lotería, cuando juega domi-nó con su nieta de siete años, cuando, pegada al televisor, cam-bia continuamente de la novela al juego *Miami Heat.* Esta pasión por el juego la heredó de su padre. Escudriña los sueños y la vida cotidiana en busca de claves para la lotería. Para ella, los tres ratones que encontré hace años en mi cocina no era asunto de fumigación —sino una oportunidad para jugar *Cash 3.*

"Apunta el número 29", insistió, consultando La Charada China, el juego de números inspirado en los sueños. "El ratón es el 29".

Eventualmente lo hice —y perdí. Me dijo que me había tardado demasiado. Su hermana había seguido su consejo y ganó. Tía soño una vez que alguien le había susurrado, "El 21. El 21". Jugó el número 21 en *Cash* 3, a insistencias de mi mamá, y, ¡bingo!

Claro que ha habido pérdidas espectaculares. Hace un par de días, por ejemplo, encontré a Mami desplomada en un taburete en el MGM Grand en Las Vegas. Había jugado el dinero que tenía asignado para esa noche —hacía ya dos horas. Se acabaron las maquinitas hasta mañana, declaró.

"Dale", me tomó del brazo. "Vamos al buffet".

Pero hay suficiente magia en sus recuerdos como para no perder la esperanza —la vez que nos ganamos un carro en la rifa de la iglesia, la vez que un pariente se ganó $16,000 en el juego de la pirámide y, naturalmente, compró un Cadillac.

Son esos destellos mágicos los que nos ayudaran a sobrellevar Utah y nos conducirán a Colorado, donde ella descubrirá, en un kiosko de información para turistas en Vail, que —¡Aleluya!— hay una floreciente industria de casino en Central City y Blackhawk, lugares que jamás he oído mencionar.

"¿Más casinos, Mami?" La regaño. Digo, le hemos caído a cuanta tragamoneda hay de Miami a Missouri. Jugamos en Biloxi, en Gulf Port, en New Orleans, en Shreveport, en un casino indio en New Mexico, en las Vegas —*hello!*— en Reno, y en cuanto pueblito insignificante hay en Nevada.

"Pero si está tan cerca —mira", dice persuasiva, indicándome un guioncito de carretera, sinuosa como un gusano. "¿Cuándo volveré a ver Colorado?"

Me maldeciré todo el camino ascendiendo por la tortuosa carretera hasta Central City, lamentando mi debilidad de carácter y la inescapable simbiosis que me llevaba a viajar tan lejos. Si Mami se acatarraba, yo estornudaba. Así ha sido siempre entre nosotras.

Cuando un bebé crece, su mamá deja de lactarlo. Según pasan los años, sus pechos vacíos de leche reciben todos los golpes —cuando su niña sufre, cuando su niño llora, cuando su niña deja el nido. El cáncer viene de amar tanto que las entrañas se le queman. La leche que sustenta de una manera u otra, siempre está ahí.

Pero, ¿se supone que funcione a la inversa también? No buscaré respuestas en esta sinuosa carretera de la montaña que conduce al próximo casino. Mientras el camino se vuelve más empinado y la noche más oscura, cubriendo las montañas con velos de lloviznas y neblina, yo rezaré en el espeso silencio que cae entre Mami y yo. Serán bastante pasadas las 10 P.M. cuando llegamos al viejo pueblito minero con sus estrechas calles repletas de automóviles, y donde cada taberna y casino parece estar a punto de explotar.

"Central City, Mami", le anuncio muy formalmente, al llegar al único hotel del pueblo. "Voy a conseguir un cuarto".

Pero la cosa no será tan fácil —no hay cuartos disponibles en el hotel. Mami se echa a llorar y me ruega que la perdone por esta odisea. De hecho, será más dura consigo misma de lo que yo jamás podría ser, golpeando el panel de instrumentos con el folleto de información turística, ofreciéndose a manejar de regreso por la montaña, y temblando como una niña.

"Está bien, Mami, vamos a entrar de todos modos", le digo,

tratando de calmarla, guiándola hasta el casino principal, y depositándola frente a su tragamonedas favorita. "Mira, la Rosa Salvaje".

Después de veinte minutos en el teléfono, doy con una mujer muy amable, dueña de un *bed and breakfast* que se ofrece a bajar a recogerme. Dejo a Mami en el casino mientras voy con la mujer en su camioneta negra a ver el hotelito, The Gingerbread Cottages. Por el camino empinado, mi guía se maravilla del viaje que estoy haciendo.

"Qué buena eres con tu mamá", dice efusiva. "No sabes la suerte que tienes".

Las palabras de esta extraña serán una ráfaga de fuerza angelical en la noche helada. "Yo acabo de perder a mi mamá debido a un cáncer de pulmón", me dice. "Era muy apegada a ella. Lo que daría yo por hacer lo que estás haciendo tú ahora. Disfruta cada minuto con ella, que ese tiempo es un tesoro".

Sus palabras resultarán proféticas, porque muy pronto, cuando volvamos a Miami, los doctores encontrarán que el cáncer de seno de Mami, que estaba latente, se le está extendiendo a los pulmones, dando inicio así a ciclos extenuantes de quimioterapia, y a una lucha debilitante.

Pero esta noche tendremos mucho tiempo para disfrutar de Central City, acomodarnos en el hotelito, y saborear el pintoresco espectáculo de las montañas en la mañana.

A millas y millas de casa, Mami continuará buscando la suerte en el premio mayor. Y yo le agradeceré a las estrellas la mía.

Ofelia, madre de Ilan Stavans

"Al día de hoy, veo cada uno de mis triunfos como la confirmación de las profecías de mi madre".

Ilan Stavans, profesor en Amherst College, es el jefe de redacción de Hopscotch: A Cultural Review. *Entre sus libros se encuentran* The Hispanic Condition (HarperPerennial), The Riddle of Cantinflas: Essays on Hispanic Popular Culture (*University of New Mexico Press*), The Oxford Book of Jewish Stories *y* On Borrowed Words: A Memoir of Language (*Viking*). *Ha sido distinguido con el Latino Literature Prize y una beca Guggenheim, y fue nominado para el National Book Critics Circle Award. Su obra ha sido traducida a una media docena de idiomas.*

19 de septiembre de 1985

Marco de nuevo, pero sin éxito. Me consume la ansiedad. Dios mío, ¿por qué no contesta alguien? Es su voz la que más deseo escuchar. No sé que hacer conmigo mismo. ¿Encender de nuevo el televisor? No puedo dejarme abrumar por las imágenes de la catástrofe. CNN sigue transmitiendo reportajes obsoletos. No habrá nuevas imágenes de satélite hasta que toda la comunicación haya sido restaurada.

Impaciente, aprehensivo, camino de la cocina a la recámara.

Me asomo por la ventana pero no veo nada. Estoy demasiado preocupado.

Veo un paquete de fotografías en el librero. La de encima es de mi hermano Darian a los veintipico de años, luego de un recital de piano. Viene luego una de mi hermana Liora junto a mi madre, ambas con *kovah tembels* en Tel Aviv. Paso la foto para ver a mi padre vestido al estilo de un carnicero inglés decimonónico en la adaptación mexicana de la comedia musical *Sweeny Todd*. Y la próxima…en la próxima veo a mi madre, sola, orgullosa, amable, bajo un dosel de buganvillas.

Estudio su sonrisa enigmática.

"Salvar una sola alma", dice el Talmud, "es salvar el mundo entero". ¿Cuánta gente yace muerta en las calles de Ciudad de México, mi ciudad natal? El terremoto ocurrió hace cuatro horas, a las 7:25 A.M., hora local. ¿Por qué no logro comunicarme con ella? ¿Dónde está todo el mundo? ¿No debería estar yo con ellos, entre aquel caos? ¿De qué sirvo, aquí en Nueva York, tan lejos? ¿Habrá sido tragada por los temblores de la tierra? Si es así, te ruego Dios todopoderoso, que seas misericordioso en el sufrimiento que le infligas a tu criatura.

Las fotografías, ¿qué valor tienen en estas horas sombrías? Pero debería ser más optimista, así es que vuelvo a mirarlas. En promedio ¿cuántas acumula una familia durante una vida? Cientos, a veces hasta miles. Mi madre tiene aún más que la mayoría de la gente. Ella es un poco como Ernest Hemingway. Cree que donde quiera que vaya, tendría que haber cámaras para inmortalizar el momento. ¿Cuántas veces me he burlado de ella? "¿Y para qué las necesitas duplicadas?" le pregunto. "Para tenerlas listas cuando te cases", me responde. "Estoy segura de que tu esposa querrá hacer álbumes". ¿De verdad querrá?, me pregunto.

Tropiezo con una perogrullada: la mayor parte de mis fotos de familia —ciertamente la mayoría de las fotos de mi madre—

fueron tomadas fuera de México. Esto me sorprende porque nunca había pensado en ella como un ser itinerante. Al contrario, por naturaleza es y ha sido siempre, un pilar de certidumbre. Sus padres eran inmigrantes de Polonia —su madre de Varsovia, su padre del *shtetl* Katchevate. Pero el mosquito del éxodo no la picó nunca. Creció amando a México, y ahora está en su sangre. Sin embargo, tengo fotos de ella en Canadá, Costa Rica, España, Francia, Escocia, Japón, Checoslovaquia. No bien surge la oportunidad, arregla todo en un dos por tres, y a pasear: con mi padre, mayormente, pero también sola o con amigas. Yo, en cambio, dejé México cuando tenía alrededor de veinticinco años y, aparte de dos o tres periodos de tiempo, he vivido fuera desde entonces. Como sus antepasados, pero a diferencia de ella, soy un emigrante.

Dejo el apartamento para caminar un poco. Son las tres de la tarde. ¿Tenía tareas que atender? En la calle, algunos amigos me saludan con preocupación. "Escuché la terrible noticia por radio. ¿Están todos bien allá en tu casa?"

¿Allá en tu casa? Las palabras se me pegan al oído. ¿Qué quiere decir "allá"? , me pregunto. ¿En el infierno? Y "casa". ¿Habrá sido abruptamente redefinido su significado?

Alguien más pregunta, "Has recibido dos golpes duros en cuestión de meses, ¿no es cierto? ¿No murió un amigo tuyo en un accidente aéreo hace sólo un par de meses?"

Sonrío cortésmente. No, no sé nada todavía, y a decir verdad, estoy feliz con el silencio, ¿verdad? Ninguna noticia es buena noticia.

Pero me siento intranquilo. ¿No es la nuestra la era de la tecnología? ¿No deberíamos poder comunicarnos con amigos y familiares con tan solo apretar un botón? Un rabino me pregunta por mi madre en particular, pues la conoció no hace mucho.

Me pregunto por qué la tengo en la mente a ella más que a mi padre o a mis hermanos o a . . .

Recuerdo que, de niño, me quedaba levantado hasta tarde para asegurarme que mi mamá había llegado bien a casa. Estaba convencido de que su inagotable amor por mí me daba fuerza. Si algo malo me hubiera pasado, sabía que ella iría hasta el fin del mundo para ayudarme. ¡Hasta el fin del mundo! Mi temor a perderla era mucho más profundo que el temor a perder a mi padre, simplemente por su constancia.

Constancia, solidez. Veo a mi mamá como el centro de gravedad.

Desde el teléfono de la oficina, consigo una operadora internacional: "Disculpe, señor", me dice en un español incontaminado. Le pregunto cuándo estarán restauradas las líneas. "Nadie sabe".

La línea, el cordón umbilical. ¿No se pasan los primogénitos la vida entera tratando de cortarlo? Al día de hoy, veo cada uno de mis triunfos como la confirmación de las profecías de mi madre. Poco antes de mi partida hacia Nueva York, trazó mi periplo como un buscador de tesoros, asegurándome que soñar no es pecado.

"Cultiva tu potencial al máximo, porque eso es todo lo que habrá de ti", escribió Ralph Waldo Emerson y mi madre añadió en yídish: *Du darfts zeyn vos ich chob kein mol nisht geven.* Te convertirás en lo que nunca fui. Nació en México en mitad de la Segunda Guerra Mundial, en el año en que los campamentos de exterminio Nazi empezaron a operar en Polonia. La historiadora Lucy S. Dawidowicz estima que, por esos años, alrededor de medio millón de judíos murieron como resultado del hambre, las enfermedades, y el trabajo forzado; que muchos más empezaron a ser deportados a Auschwitz y a Treblinka. Heinrich Himmler había declarado que todos los ghettos tenían que ser destruidos. La historia es una rueda de la fortuna.

México en lugar de Polonia. No albergó nunca nostalgia alguna por el *shteclech* de su padre, y aquellos como él. Como escribió Maurice Samuel en su libro *Little Did I Know,* esas aldeitas judías de la Europa Oriental eran "caseríos aislados en vastas y hostiles regiones selváticas, lejos por igual de los centros de civilización judíos y no judíos; su existencia era precaria, su estructura estaba en ruinas, su espíritu, consumido". Pero el ambiente de la comunidad mexicana-judía, desde su punto de vista, no era muy diferente: encerrada en sí misma, sofocante —otro *shtetl,* más o menos. ¿Por qué querría alguien vivir allí?

Estaba sedienta de conocimiento, y el ghetto no le gustaba. Casi sin excepción, las mujeres mexicana judías de la clase media alta de su generación nunca abrieron un libro durante sus estudios secundarios, muchísimo menos después. Había sido educada en una escuela yídish y mantuvo las prácticas *kosher* durante su adolescencia.

Entonces conoció a mi padre. Con él se rebeló, pero siempre dentro de ciertos límites. Se comprometieron siendo ella todavía bastante joven —no había cumplido aún los diecinueve— y los hijos llegaron en rápida sucesión. A diferencia de sus amigas, no escogió por esposo ni a un médico ni a un comerciante sino a un actor, un hombre cuyos recursos económicos eran nulos. Una "bohemia", así escuchó que la describían sus amigas, "bohemia y descarriada".

En las fotografías que de esa época he visto de ella, vestía a lo Greta Garbo: una pañoleta de seda envolviéndole el cabello y el cuello, lentes oscuros a la moda, y una novela francesa en la mano. No era, sin embargo, el brazo derecho de su esposo. Su amor, para florecer, necesitaba estar basado en la equidad, lo que significaba compartir las responsabilidades de mantener el orden moral y económico en su hogar. De noche, llenaba vasitos de cristal con yogurt hecho en casa para vendérselos a los *delicates-*

sens como una manera de suplementar el ingreso familiar. Más adelante, trabajó como enfermera en una clínica cerca de nuestra casa.

Tan pronto como su segundo hijo nació, volvió a estudiar, obtuvo una licenciatura, y luego siguió estudios de posgrado. Se hizo sicoterapista, enseñó algunos cursos en la universidad, leyó *I and Thou* de Martin Buber, practicó yoga, estudió la cábala, y escribió un libro sobre sicología y teatro. Pero por alguna razón se detuvo antes de seguir ascendiendo en la jerarquía académica a pesar de que tenía el potencial para hacerlo. ¿Le faltaban las herramientas? ¿La limitaron las costumbres de su época?

De joven, luché por alcanzar mi independencia. ¿Tomaría el relevo de los anhelos de mi madre? No hasta después de haber experimentado los límites de la libertad. Leo Rosten, en *The Joys of Yiddish*, narra esta historia: Una *mame* yídish envió a su hijo a su primer día de clase con el orgullo y las advertencias habituales: Entonces, *bubeleh*, ¿te vas a portar bien y vas a obedecer a la maestra? ¿Y no vas a hacer ruido, *bubeleh*, y vas a ser muy educado, y vas a jugar sin pelear con los demás niños? Y cuando sea hora de volver a casa, ¿te vas a abotonar bien, y a mantenerte calientito, para que no te resfríes, *bubeleh*? ¿Y vas a tener cuidado al cruzar la calle, y vas a venir derechito a casa, *bubeleh*? Y se fue el niño para la escuela. Cuando regresó esa tarde, su mamá lo abrazó y lo besó y le preguntó, " Y bien, ¿te gustó la escuela, *bubeleh*? ¿Hiciste amigos? ¿Aprendiste algo?" "Sí", respondió el niño. "Aprendí que mi nombre es Irving".

Mi mamá nunca me llamó *bubeleh*, sino por un apelativo cariñoso similar: *tateleh*. Le tomó un tiempo distinguir entre *tateleh* e Ilán, y a mí enfrentar mis propias limitaciones.

A mediados de 1982, frustrado por una rutina que me tenía golpeándome la cabeza contra la pared, dejé la universidad, vendí mis pertenencias, compré una maquinilla, y crucé el

Atlántico para escribir, escribir, escribir. Pero me atacó la parálisis artística y más allá de un par de cuentos cortos e interminables cartas a casa, el viaje produjo muy poco. Mi mamá había cifrado todas sus esperanzas en mí. "Mejor probarte a ti mismo ahora que edificar toda una vida hecha de dudas".

Una vida hecha de dudas. Seis meses después, regresé como el perro con la cola entre las patas, contrito, con las manos vacías, y resignado a un futuro menos que brillante. Para mi madre, mi intempestivo regreso fue devastador y sentí que sus sueños se habían destrozado sin remedio. Me había convertido ante sus ojos en un *poet manqué*.

Nueva York es diferente. Esta vez estoy decidido a hacer realidad mi potencial, a cumplir mi promesa, a prosperar, a probar que ella tenía razón. ¿Pero, lo lograré?

Son las siete y media de la noche. Diviso un teléfono público en el parque y trato otra vez de conseguir un operador, pero otra vez, sin suerte. Mi corazón late más aprisa. ¿Y si la tierra se los ha tragado a todos? ¿Y si todo lo que me quedan son recuerdos? Me siento en la hierba, me inclino hacia atrás lentamente, y en unos minutos estoy bocabajo, mis ojos, mi nariz y mi boca apretados contra la hierba. Extrañamente, según el día se acerca a su fin, puedo invocar una sola escena. Es de "Historia de mi palomar" de Isaac Babel, sobre un pogrom en Odesa en el 1905, visto desde los ojos de un niño de nueve años. Toda su vida el niño ha anhelado tener un palomar. Trabajó duro para obtenerlo. Ha sido un estudiante destacado, ganándose un lugar en la escuela secundaria en una época en que sólo un número muy reducido de judíos era aceptado. Pero en la perturbadora escena crucial, justo cuando finalmente compra su paloma en el mercado, todo se derrumba en medio de la confusión del pogromo. Le asestan un golpe y queda tendido, inmóvil. "Estoy tirado en el suelo, y las tripas del ave aplastada me corren por la sien. Se escurren por mi mejilla, serpenteando por aquí y por allá, salpicándome, cegándome. Las tiernas entrañas de la paloma rodaron por mi frente, y yo cerré mi único ojo destapado para no ver el mundo que se extendía frente a mí. Este mundo era diminuto, y era horrible. Había una piedra justo frente a mis ojos, una piedrita tallada de tal modo que parecía la cara de una vieja con una quijada grande. Un pedazo de cuerda yacía más lejos, y también un puñado de plumas que todavía respiraba. Mi mundo era diminuto, y era horrible. Cerré los ojos para no verlo, y me apreté con fuerza contra la tierra debajo de mí, en un adormecimiento tranquilizador".

También yo me apreté con fuerza contra el suelo. Mi mundo era diminuto. Y entonces recordé que mi madre me había confesado un secreto. De recién casada, deseosa de conocer su futuro, había ido a una astróloga. En cierto momento, mientras leía su carta astrológica, la astróloga se detuvo en seco. Mi mamá miró su rostro y sólo vio asombro. "Veo una calamidad enorme que ocurrirá en tu familia, pero no puedo decir cuándo ni a quién le afectará". Desde entonces mi madre ha vivido siempre en pánico, a la espera de que la predicción se haga realidad.

El parque está lleno de alegres caminantes. "Salvar una sola alma", dice el Talmud. Tengo que regresar enseguida. Sin duda que ya CNN debe tener imágenes más recientes. Media hora más tarde, llego de nuevo a mi apartamento. Al cruzar el umbral, oigo sonar el teléfono. Lo levanto. Primero una voz extraña, luego una familiar. "*¿Tateleh?*"

"¡Mamá, bendita seas! ¿Cómo están todos?" grito por el auricular, y de nuevo el futuro se encarrila.

Soledad Reina, madre de Jaime Manrique, Tampa,
Florida, (1977) después de jurar la ciudadanía
norteamericana a los setenta y ocho años de edad.

*"La leyenda de su hermosura se extendía a lo largo de los pueblos
del Río Magdalena".*

Nacido y criado en Colombia, Manrique es autor de las novelas Colombian Gold *(Clarkson Potter),* Latin Moon in Manhattan *(St. Martin's Press)* y Twilight at the Equator *(Faber and Faber). Sus obras más recientes incluyen su poemario* My Night with Federico García Lorca *(Painted Leaf Press),* Sor Juana's Love Poems *(traducción con Joan Larkin)* y su autobiografía Eminent Maricones: Arenas, Lorca, Puig and Me *(University of Wisconsin Press). Ha sido profesor en Columbia University,* The New School for Social Research *y en Mount Holyoke College.*

Una madre llamada
Reina Soledad

Mi madre se llama Soledad. Después que se casó con su último esposo, el señor Reina, un gángster italo-americano semi-retirado, su nombre pasó a ser Soledad Reina, Reina Soledad.

Mi madre, hija de Serafina Ardila y José Ardila (eran primos), nació en la aldea de Barranco de Loba, un palenque en las costas del Río Magdalena en Colombia. Los palenques eran caseríos formados por esclavos cimarrones que escapaban a áreas remotas durante el período colonial. Mi abuela, una mujer negra, es analfabeta, pero mi abuelo sabía leer y escribir y tenía mezcla de sangre, era mestizo. Serafina y José tuvieron dos hijos fuera de matrimonio. Eventualmente, mi abuelo se casó con una mujer educada, de piel clara. Habla a su favor que en lugar de abandonar a los "hijos del amor", (como es costumbre en Colombia) se llevó a mi madre a vivir con su nueva familia. Como mi madre es muy discreta con relación a su pasado, no conozco las circunstancias exactas de cómo salió de la casa de su madre. Sobre todos esos años ella me ha contado una sola cosa: cuando era niña mi abuelo la mandaba a la calle con una gran batea en la cabeza para que fuera de casa en casa vendiendo dulcecitos azucarados (la clase de caramelos que las mujeres de la familia Buendía hacían para mantener a la familia en *Cien años de soledad*). Un día, mi madre tropezó y se le cayó la batea desparramando los dulces en la arena. Como castigo mi abuelo la colgó por las muñecas de las vigas del techo de la casa.

Soledad era una mujer de extraordinaria belleza. En las fotos que he visto de ella, cuando tenía más o menos treinta años y vivía con mi padre, parece como si una de las mujeres tahitianas de Gauguin hubiera ido a Paris a modelar para Balenciaga o Coco Chanel.

Antes de que mi madre conociera a mi padre, parece ser que estuvo casada con un hombre de apellido Leal. Deduzco esto de unos telegramas que han sobrevivido que mi padre le enviaba a Soledad Ardila de Leal. En un álbum de fotos viejas que mi madre conservó hasta hace unos diez años, había una foto de un niñito esmeradamente vestido en un ataúd. Este niño puede haber sido fruto de su primer matrimonio.

El año que cumplí los cuarenta, fui a visitar a mi abuela, que tiene más de cien años y todavía vive en Barranco de Loba. Decidí que era un buen momento para preguntarle cómo se habían conocido mis padres. Me dijo que Mamá había conocido a mi padre cuando fue a Barranquilla "a coser" y no me dio más información. En cualquier caso, mi padre, Gustavo Manrique, era veinte años mayor que mi madre y estaba casado con una señora que pertenecía a una de las familias más prominentes de Santa Marta. Sé que mis padres se conocieron en octubre de 1944 porque hasta hoy, mi madre ha conservado una serie de cartas y telegramas que mi padre le envió durante un período de diez años.

Mi padre era un magnate bananero. Sus plantaciones estaban localizadas en la zona de tierra entre Santa Marta y el pueblo de Ciénaga, justamente la región que Gabriel García Márquez inmortalizó en sus primeros libros y que sirvió de escenario a su obra maestra *Cien años de soledad*.

El mayor atractivo de Mamá era su belleza. Me han dicho sus parientes que la leyenda de su hermosura se extendía a lo largo de los pueblos del Río Magdalena, y que muchos hombres venían desde los pueblos cercanos hasta la casa de mi abuelo a pedir su mano.

Mi padre era rico y tenía un apellido antiguo y aristocrático. No creo que mi madre entendiera cuán antiguo y aristocrático es el nombre Manrique pues sólo llegó hasta el segundo grado. Algunos colombianos me han preguntado: "¿Usted es de los Manriques 'buenos' o 'malos'?" Los "malos", presumo, son los Manriques que no pertenecen a la aristocracia colombiana. Los "buenos" son una cepa de los Manriques cuyo nombre data de los días del Santo Imperio Romano, y quienes, bajo la dirección de Don Rodrigo Manrique, liberaron a Castilla de los moros poco antes de que Cristóbal Colón zarpara hacia el Nuevo Mundo. Don Rodrigo era el padre del Capitán Jorge Manrique, uno de los más famosos e influyentes poetas españoles de todos los tiempos, cuyo poema épico-filosófico, *Coplas a la muerte de mi padre* (c. 1475), es una de las obras cumbres de la poesía universal. Son también los Manriques, cuyos retratos, pintados por Goya, están colgados en el Museo Metropolitano de Arte de Nueva York, y quienes, en el siglo diecinueve por lo menos en Colombia, produjeron destacados hombres de letras, políticos y militares. "La pluma y la espada" parece haber sido el lema de la familia. Lo único que mi madre sabía era que mi padre era rico y blanco, que su familia era una de las mejores familias de Bogotá, y que él la adoraba.

Esa adoración se manifiesta en las cartas que le envió durante los once años que estuvieron juntos. En esas cartas, en las que con frecuencia la llama "mi negrita adorada", se revela como un verdadero Manrique. Al releerlas, siendo ya adulto, me doy cuenta que soy escritor debido a mi padre. Sus cartas son ardientemente apasionadas y sensuales: en ellas celebra la belleza y la elegancia de mi madre, y con verdadera obsesión la llama el objeto de su más profundo afecto.

Aunque fueron pareja durante once años, nunca vivieron juntos. Él le montó casa en una de sus plantaciones de plátanos en las afueras del pueblo de Río Frío. El río por el que nombraron el pueblo fluye desde los picos cubiertos de nieve de Sierra Nevada de Santa Marta y sus aguas rápidas son profundas, relucientes como diamantes, y heladas. Durante algunos años, mis padres hicieron de esa plantación su nido de amor. No nací en Río Frío, pero guardo vagos recuerdos de mis visitas a la finca cuando era pequeño. Mi madre vivía en una casa de dos plantas de madera, que imitaban las solariegas casas de las plantaciones sureñas que la United Fruit Company construyó en esa área. Recuerdo haber visto fotos de Mamá tomadas en esa época. Está montada en un caballo blanco; viste botas, pantalones caqui, una blusa bordada y un sombrero de vaquero, y sostiene en las manos un rifle de caza. Como la esposa y los hijos de mi padre estaban en Santa Marta, donde él mantenía su oficina de exportaciones, él sólo visitaba a mi madre durante los fines de semana o cuando tenía asuntos urgentes que atender en la plantación.

Debe haberse sentido muy sola cuando mi padre no estaba con ella porque se rodeó de una corte de mujeres: su cocinera Isidora, una mujer negra a quien quería como si hubiera sido su propia madre; Anastasia, la ahijada de mi madre; Tía Emilia que se convirtió en mi madrina; y Tía Aura, que era una de las hijas ilegítimas de mi abuelo, como lo era también mi madre. Cuando Mamá supo que Tía Aura estaba viviendo con su madre que trabajaba de sirvienta en Barranquilla, se ofreció a criar a la niña y a enviarla a la escuela. Hace algunos años le pregunté por qué lo hizo. "Después de todo, era mi hermana", fue su respuesta. "No podía dejar que viviera así". Tanto Emilia como Aura iban a la escuela en Santa Marta y visitaban a mi madre durante las vacaciones. Dos de los hermanos de mi madre (José Antonio, su hermano de padre y madre, y José, que era el hijo mayor de mi abuelo con su esposa) también vinieron a estudiar a Santa Marta y también pasaban algunos fines de semana en la plantación.

Mi padre era dueño de gallos de pelea que eran famosos a través de todo el Caribe. Viajaba con ellos por la costa norte de Colombia para echarlos a pelear contra los gallos de los mejores galleros. La excelencia de los gallos de mi padre era conocida en lugares tan lejanos como La Habana, a donde llevó sus mejores peleadores a competir. Hace veinte años, una de mis tías me hizo este cuento: Hacía mucho tiempo que mi padre no venía a visitar a mi madre. Sospechando que se había echado otra amante en otra ciudad, Mamá le envió un ultimátum: "Regresa inmediatamente o te arrepentirás". Cuando no apareció el día señalado, ella le dio órdenes al capataz de la finca que por cada día que mi padre permaneciera fuera, matara la misma cantidad de valiosísimos gallos. Cuando mi padre apareció finalmente, ella le había diezmado el corral.

Toda su vida mi madre quiso desesperadamente ser aceptada por su padre. A pesar de lo cruel que fue con ella, la había traído a su propio hogar donde se le trató con el respeto que merecía la hija mayor de un campesino rico, y fue en su casa que aprendió los modales de una señorita. Su amor fue reciprocado. Mi abuelo se aseguró que sus hijos legítimos y su esposa la aceptaran y la respetaran. Quizás lo hizo porque ella era su primogénita o porque era la más hermosa de todas sus hijas o la que, a pesar de que había causado bastante escándalo, acabó siendo la más aventurera de todos y la que vivió la vida más excitante.

Mamá debe haberse cansado del aislamiento de la plantación en Río Frío. Poco antes de yo nacer, cuando la relación de mis padres tenía ya cinco años, mi madre se mudó al pueblo de Ciénaga y después de mi nacimiento se estableció en Barranquilla, la ciudad más importante de la costa Atlántica de Colombia.

Inmediatamente después de nacer yo, la relación de mis padres se deterioró. Me sospecho que para Gustavo Manrique, Soledad había representado un amor prohibido y excitante, sin las tensiones y las responsabilidades que traen los hijos. Pero para mi madre, mi nacimiento representó más que su gran deseo de tener un hijo. Ahora ella no era ya meramente una amante más del magnate platanero, sino que era la madre de un Manrique. Estaba decidida a que yo fuera criado como un príncipe —lo que quería decir que ella se veía a sí misma como la reina.

En ocasión de mi bautizo, apareció un aviso en las páginas sociales de dos periódicos conservadores, uno en Bogotá y el otro en Barranquilla. Allí se anunciaba que Jaime Manrique Ardila, hijo de Gustavo Manrique Álvarez y su esposa Soledad Ardila de Manrique, había sido bautizado en Barranquilla. (Más tarde mi madre negaría vehementemente haber tenido algo que ver con la aparición de esos anuncios.) Tanto mi padre como mi madre, pensaban que los anuncios habían sido colocados por enemigos que querían hacerle daño a mi padre, al hacerlo aparecer públicamente como un bígamo. De la serie de cartas que le despachó a mi madre se desprende que, en toda Colombia, mucha gente leyó los anuncios. El efecto, le escribió, fue peor que el de la "bomba atómica". Su esposa y sus hijos habían sido humillados. Otros hombres de negocio conocidos suyos dejaron de hablarle, y cruzaban a la otra acera cuando se lo encontraban en la calle. Los bancos de Santa Marta, donde hacía la mayor parte de sus negocios, le pidieron que clarificara su situación y lo amenazaron con cerrarle las cuentas. Después de este incidente, y a pesar de que permanecieron juntos todavía ocho años, su relación se enfrió.

Debería resultarme más difícil escribir la parte de la historia de mi madre en la que yo no juego ningún papel. Después de todo, esa es su historia y escribir sobre ella constituye una invasión a su privacidad, pero encuentro que es casi imposible escribir sobre Mamá después de que entré a su vida, a pesar de que tengo todo el derecho a hacerlo puesto que esa parte es también mi historia y me pertenece. He escrito sobre mi relación con mi madre en mi autobiografía, *Eminent Maricones*, un libro que nunca podría mostrarle porque sé que las cosas que digo en él la lastimarían. Me apena pensar que tampoco podré mostrarle el libro en el que aparece esta historia. A través de los años me ha implorado repetidas veces que deje de escribir sobre ella y mi padre. Sin embargo, es sólo porque continué escribiendo sobre ellos —sobre nosotros— que finalmente he podido liberarme del pasado y hacerme hombre.

Siempre he hablado de mi madre como de una figura romántica, una mujer súper extraordinaria —lo que ciertamente es, por lo menos para sus hijos y nietos. Con el paso del tiempo, sin embargo, he llegado a verla no sólo como la mujer que fascinaba a los hombres con su belleza, la mujer que se sobrepuso a sus orígenes humildes y avanzó una gran distancia desde el lugar donde nació, sino como la otra mujer que es, la mujer que ha sufrido, luchado, y sobrevivido.

Tengo que reconocerle a mi madre muchas cosas. Después que mis padres se separaron, mi padre no hizo ningún esfuerzo para vernos a mí o a mi hermana. Si Mamá no nos hubiera enviado a visitarlo a su oficina un par de veces al año, no tendría ningún recuerdo suyo, con todo lo desagradable que son muchos de ellos. Mamá también se aseguró que tuviéramos una educación.

Habiendo sido criada en la cultura machista colombiana, debe haber sido difícil para ella, ser la madre de un hijo homosexual. Sus hermanos, como muchos otros miembros de su familia, son homofóbicos y estoy seguro de que, en algunas ocasiones, ha tenido que defender a su hijo *gay*.

Cuando yo era un niño, ella se horrorizaba de que yo fuera amanerado, que formara vínculos estrechos con otros niños, que me expulsaran de la escuela a los cinco años por haberle pedido a otro niño que me enseñara su pene. Tiene que haber sido muy incómodo para ella explicarle a su familia, y a muchas de sus amistades, que durante dieciséis años viví con otro hombre. Y tiene que haberla decepcionado que su único hijo varón nunca la hiciera abuela. Sin embargo, la misma madre que hasta que tuve veinte años reprobaba mi sexualidad, se siente hoy orgullosa de mi y acepta a las personas *gay*. Ha cambiado tanto que cuando me separé de mi amante estaba sumamente preocupada de que yo hubiera roto mi hogar y de que estuviera solo en el mundo.

Han pasado veinticinco años desde que me mudé de Tampa,

Florida, donde mi madre, viuda, vive ahora en una comunidad de personas envejecientes. Hoy día, aunque hablamos frecuentemente por teléfono, yo soy sólo alguien que la visita una vez al año; soy su hijo y un extraño al mismo tiempo. Pero este distanciamiento me ha permitido verla objetivamente, de modo que ahora puedo apreciar sus muchas cualidades. Sólo una mujer de grandes recursos internos pudo haber vivido la vida que ella tuvo en Colombia, un país en el que la mayoría de las mujeres solteras con hijos eran consideradas como parias. A pesar de lo cual se ganó el respeto y la admiración de destacadas personas en Colombia. Ahora, cuando la visito quedo siempre sorprendido por su amplio y variado círculo de amistades. Su teléfono suena todo el tiempo. Tiene amistad con hombres y mujeres, viejos y jóvenes, y acude rápidamente al llamado de cualquiera de ellos cuando están enfermos o muriendo o cuando necesitan compañía o consejo. Muchas personas mayores se encierran en sí mismas, se deprimen y pierden interés en la vida. Mi madre no. A los setenta y cinco años se marchó sola a visitar a unos parientes en un pueblo de la selva en Venezuela. Desde que tengo memoria, mi madre ha sido el único apoyo económico de mi abuela, y durante los últimos cincuenta años se ha asegurado de que su madre nunca pase hambre. La casa en la que vive mi abuela fue un regalo que mi madre le hizo cuando todavía vivía con mi padre. A los setenta y ocho años mi madre se hizo ciudadana americana porque quería mostrarle su gratitud al país que le había dado tanto a ella y a sus hijos. Desde hace un par de años vive en un apartamento en un décimo piso que da al río Hillsborough. En su balcón, Mamá ha creado un santuario donde las palomas vienen a anidar y cuando sus amistades la visitan se sientan en la sala y discuten las mejores recetas para cocinar los pichones.

Ninguna pasión ha sido más duradera en mi vida que mi pasión por escribir. Debo haber tenido diez años cuando leí las *Co-*

plas a la muerte de mi padre en un texto escolar e intuí que con un nombre como el mío, y porque había escritores en la familia de mi padre, yo no podía ser otra cosa cuando creciera. Un día, cuando tenía once o doce años, entré corriendo por la puerta de la calle y encontré a mi madre leyendo el periódico en su sillón de mimbre. Le comuniqué que mi maestro de español había dicho que yo sería escritor cuando creciera. (Decía esto porque yo era capaz de inventar las mentiras más fantásticas.) Hasta ese momento, y como yo era un muchacho inteligente y muy engreído, se había dado por sentado que llegaría a ser presidente de Colombia. Después de todo, estaba el precedente de Marco Fidel Suárez, un hijo ilegítimo que fue uno de los más ilustres presidentes de Colombia. En vez de desalentarme, Mamá se alegró de que fuera "periodista". Escritor, periodista, para los dos era la misma cosa.

Mirando hacia el pasado, veo que mi admiración por mi madre era más intensa para la época en que emigramos a los Estados Unidos. A los cuarenta y siete años, sin haber tenido nunca un trabajo, se mudó a un país donde sólo tenía una amiga, un país cuya lengua ella no hablaba. Durante los años antes de que conociera a su esposo americano, mi mamá trabajó de costurera en una fábrica, cuidó personas enfermas y limpió casas. Con frecuencia tenía dos o tres trabajos a la vez, sin quejarse nunca, para poder mantener un hogar para mi hermana y para mí. Era la primera vez en su vida que no dependía de un hombre para que la mantuviera a ella y a sus hijos. Tan pronto como nos ubicamos en Tampa, empezó a gestionarle la venida a los parientes que también querían mudarse a los Estados Unidos. Cuando recibí una beca para estudiar en la universidad, Mamá (contrario a lo que hacían los padres de tantos inmigrantes que conocía) nunca insistió en que me hiciera abogado, médico o contable sino que respetó mis deseos de hacerme escritor. A los veinte años, cuando dejé la casa y me fui a buscar mi lugar en el mundo, Mamá me enviaba semanalmente una mesada para asegurarse de que yo sobreviviera con trabajos a tiempo parcial y pudiera empezar a escribir mis libros. Ya para entonces estaba casada con el señor Reina, un hombre encantador a quien le tomé mucho cariño.

Desafortunadamente, yo resulté ser un escritor freudiano y un satírico. El protagonista de mi primera novela fue un personaje semiautobiográfico que asesina a su padre —un padre muy parecido al mío. Mi madre quedó horrorizada con el libro. Su único comentario después de leerlo fue: "¡Qué horror! ¡Qué horror!" Prácticamente todo lo que he escrito desde entonces la ha horrorizado. Después de que empecé a escribir novelas en inglés, debe haberse sentido aliviada de ya no poder leer mi obra. Aún así, con frecuencia me aconseja sobre mi carrera. "¿Por qué no escribes de cosas agradables, como García Márquez?" Sin embargo, una de las cualidades recurrentes en mi escritura, mi humor negro, es algo que parece que he heredado de mi madre. Recientemente le envié una copia de *Cromos*, la versión colombiana de la revista *People*, en la que aparece mi retrato a dos páginas. Como Colombia es todavía el país que más le importa, pensé que Mamá se sentiría orgullosa de ver la cobertura tan amplia que recibía su hijo. Cuando pasó una semana y no había tenido noticias de ella, la llamé para averiguar si había recibido la revista. La había recibido. "Te ves gordo", me dijo. "Te conviene alejarte de los pasteles".

Muchos de mis escritos son autobiográficos. En mis novelas, poemas y memorias, la figura de mi madre es una presencia obsesiva. Cuando apareció en español mi último libro de poemas, un volumen en el que había seleccionado mi poesía de los últimos veinte años, me sorprendió ver cuántos poemas eran sobre ella. Mi padre es el del famoso nombre literario, pero mi madre es la fuente de mucha de mi poesía. Creo que mis poemas sobre ella son "lindos, bonitos". Cualquier madre debería sentirse feliz con ellos. Le envié el libro como un tributo, como muestra de mi amor. Esta vez me parecía que ella aprobaría lo que escribía.

"Por favor, deja de escribir tantas cosas desagradables sobre mí", me dijo, a manera de crítica a mi colección. "¿Es que no tienes nada mejor que escribir? ¿Tú crees que García Márquez se hubiera hecho famoso escribiendo sobre su madre? ¡No en balde tus libros no se venden!"

El más espléndido tributo que puedo rendirle a mi madre es decir que mientras que la mayor parte de los hijos aman automáticamente a sus madres, yo he llegado a amar a Soledad.

Mercedes Yolanda Molina Hernández, (nombre de soltera), madre de Francisco Goldman, fotografiada en los primeros años de la década de 1950.

"Quiero que todo el mundo vea la fotografía de mi mamita y se maraville de que yo haya brotado del vientre de una belleza como tú".

～～～～～～ FRANCISCO GOLDMAN

Francisco Goldman es autor de dos novelas: The Long Night of White Chickens *(Atlantic Monthly Press) ganó el* Sue Kaufman Award for First Fiction *otorgado por la American Academy of Arts and Letters;* The Ordinary Seaman *(Atlantic Monthly Press) llegó finalista para el* PEN/Faulkner Award *y el International IMPAC Dublin Fiction Prize y se le señaló como una de los "Best 100 American Books of the Century" por el Hungry Mind Review. Como editor colaborador para la revista* Harper's, *cubrió América Central durante la década de 1980. Su obra ha aparecido en muchas revistas, entre otras,* The New Yorker *y* The New York Times Magazine. *Goldman recibió una beca de la Guggenheim Foundation en 1998, y actualmente trabaja en su tercera novela.*

¡Mamita linda!

Alguien le pidió una vez a Gabriel García Márquez que escribiera la introducción para un libro sobre el Ché Guevara y él respondió algo así como que sí lo haría pero necesitaría como mil páginas y diez años para hacerlo. Debo admitir que me siento igual cuando de escribir sobre mi mami se trata. Como a cualquiera otra persona que tenga algún sentido de la privacidad, el amor propio, y el decoro —y a mi mamá le importan todas estas cosas como al que más— a Mami no le va a gustar que se escriba sobre ella públicamente, no importa lo que yo acabe escribiendo.

Una de las razones por las que hago esto, Mamita, es porque quiero que todo el mundo vea tu fotografía. Quiero que todo el mundo vea la fotografía de mi mamita y se maraville de que yo haya brotado del vientre de una belleza como tú. Se me ha prometido que este ensayo saldrá acompañado de una fotografía. El escritor mexicano, Salvador Elizondo —o por lo menos eso dice la historia que escuché— recibió una vez una promesa similar de parte de un periódico que iba a publicar un ensayo que había escrito sobre su perico. Pero cuando se publicó el ensayo, fue sin la foto. Furioso, Elizondo llamó al director para protestar. El director se disculpó debidamente, pero no pudo resistir la tentación de preguntarle a Elizondo por qué el asunto era tan importante para él, y Elizondo respondió que, en el fondo, la única razón por la cual había escrito el ensayo era para poderle mostrar el periódico al perico y decirle, "¡Mira, perico, tu foto está en el periódico!"

Una vez, mi mamá dijo alardeando, "Como madre, la única cosa que hice mal fue no haberte puesto ganchos en los dientes". Absolutamente cierto, Mami. Aparte de mis dientes inferiores torcidos, no se te puede responsabilizar de ninguna otra de mis múltiples limitaciones. Por otro lado, yo sé que si tú alguna vez compilaras una lista de mis faltas, entre las primeras en la lista aparecería la manera tan desvergonzada en que, ocasionalmente, utilizo y expongo los secretos de la familia.

El nombre completo de soltera de mi madre es Mercedes Yolanda Molina Hernández, y se le conoce familiarmente como Yolanda o Yoly. Nació poco antes de la Segunda Guerra Mundial en Ciudad de Guatemala, cuando ésta todavía era, según se decía antiguamente, "una tacita de plata". Entonces era todavía una hermosa y provinciana capital, anidada en una meseta entre volcanes y montañas, y no la megalópolis centroamericana en constante crecimiento, plagada de violencia, corrupción, pobreza y contaminación en la que se ha convertido. En el patio de la casa de estilo colonial español en el antiguo centro de la ciudad donde se crió, mi mamá tenía el mico y el venado sobre los cuales nunca me cansé de escuchar muchas historias cuando yo también era un niño, incluyendo la triste historia de cómo el mico murió después de haberse encajado una taza para café en su propia cabecita. Abuelita había abierto una tienda de sombreros llamada York, la primera tienda que tuvieron mis abuelos, donde se vendían sombreros para señoras copiados de las revistas de moda europeas y norteamericanas. En casa, un cuarto que daba al patio central albergaba un atareado tallercito en el que un grupo de muchachas y un afectuosamente recordado aunque "dudoso" muchacho, se ocupaban de hacer las flores artificiales para los sombreros. Abuelita había sido la hija de un pobre inmigrante español que ya muy maduro se había convertido en un acaudalado ranchero de la costa sur del país. La madre de mi abuela, mi bisabuela, era una muchacha mucho más joven que su esposo, la "flor" de su aldea, una india maya de pura sangre —o, ciertamente, *no* de pura sangre, dependiendo de qué persona de la familia esté contando la historia. Murió muy joven, de parto, y el patrón Hernández murió poco después. Los descendientes varones heredaron sus ranchos, y Abuelita y su hermana, Tía Nano, se fueron a vivir a una pensión-escuela para señoritas en la capital, dirigida por unas hermanas francesas solteronas. Francisco Molina, Abuelito, era el hijo ilegítimo pero reconocido de un Coronel guatemalteco y de cierta dama de la cual nadie me ha contado nada nunca. ¿Quiénes eran estas dos bisabuelas mías, las abuelas de mi propia mamita? ¿Por qué el misterio y el silencio? ¡Quién sabe! Por las férreas convenciones sociales guatemaltecas, sin duda, y probablemente también por la falta de un linaje europeo. La mayoría de los Molina tiene ojos y narices mayas, cuellos cortos o ningún cuello y torsos cuadrados. Sin embargo, mi mamá y yo tenemos un cabello grueso, rizo, que, a todas luces, no es indio. El suyo es rojizo.

La mayoría de los guatemaltecos, naturalmente, son Mayas puros, y es muy poca la gente nacida en el país, que no tenga algunos de esos antiguos genes americanos. En Guatemala, a cualquiera que no sea indio que viva de acuerdo a las costumbres indígenas tradicionales, se le llama ladino. Tradicionalmente, la riqueza ha estado enraizada en un sistema económico feudal, y el carácter de los ladinos guatemaltecos, que en su mayoría viven en la capital —ya sean los comerciantes de clase media o los fabulosamente ricos dueños de las fincas de café— ha sido descrito a menudo como el de una colonia de conquistadores dentro de un país conquistado y despiadadamente administrado.

Muchos de los más importantes cultivadores de café en Guatemala eran alemanes. En los años previos a la Segunda Guerra Mundial, el orgullo alemán y pro-nazi se expresaba abiertamente en la capital en bailes, desfiles, y actividades políticas a favor de los nazis. El dictador guatemalteco a la sazón, el General Jorge Ubico, simpatizaba con sus contrapartes europeos fascistas, pero también sabía cómo se estaba perfilando el alineamiento de poderes en el hemisferio y le declaró la guerra a Alemania inmediatamente después que lo hiciera Estados Unidos. Ubico expulsó a los alemanes y confiscó sus plantaciones de café. En 1944, fue destituido el General Ubico dando comienzo en Guatemala la década dorada de la democracia reformista y hasta revolucionaria que fue eliminada el mismo año en que yo nací, por la United Fruit Company y la CIA, en el Golpe de 1954.

Menciono todo esto porque fue en ese ambiente que mi madre llegó a la mayoría de edad. No es difícil imaginar la clase de prejuicios a los que cualquiera que se haya criado en una "colonia" así, está expuesto. La familia Molina-Hernández no era dueña de plantaciones. El negocio de nuestra familia, mucho después de que la tienda de sombreros cerrara, era la venta de ropa de bebé y de juguetes importados, pero esas tiendas tuvieron éxito. Mi abuela, Doña Hercilia, era un fuerte personaje matriarcal, conocida por todos en la ciudad. Cuando miro las fotografías de mi madre en su juventud, me impresionan por el aire de sofisticación y elegancia tropical en ellas, por la belleza y el buen gusto de hombres y mujeres, y por su aire de espontánea y natural alegría. Las fotografías capturan la atmósfera de una colonia en el más puro sentido de la palabra, aislada y protegida de la fealdad del mundo. Hay fotos de fiestas de disfraces y de pasadías a caballo en plantaciones, de concursos de belleza y de gente haciendo esquí acuático en el lago. Las hay de mujeres posando en trajes de baño, con las manos en alto sosteniendo sus grandes sombreros, los codos al aire, una pierna hacia el frente, y sus sonrisas iluminadas de lápiz labial, mujeres que logran, de alguna manera, verse tan glamorosas como Rita Hayworth y a la vez, virginales. Los hombres llevan bigotes finitos como los cantantes y actores del cine mexicano, o imitan el contoneo del duro de oficio yanqui, Humphrey Bogart.

Esta es la joven que mis abuelos enviaron a estudiar a la nueva tierra prometida, los Estados Unidos. Mi tío Hugo estaba en la Universidad de California en Berkeley, donde estudió administración de empresas y se sumergió en la ética política y empresarial del "yo puedo", del "buen vecino USA", antes de regresar a casa para hacerse cargo de los negocios de la familia. A mi mamá la enviaron a San José State para que estuviera cerca de él. Mis abuelos querían sacarla de Guatemala, y siguiendo una venerable tradición latinoamericana, la habían enviado fuera del país para alejarla de un amor trágicamente inadecuado. (Ya estoy revelando secretos otra vez, y esta vez, sí que las voy a pagar.) No me gusta mirar el álbum de fotos de mi madre. ¡Hay demasiados novios! Ella dice que no son novios, que son amigos, amigos de su hermano, porque, en ese entonces, los hermanos y las hermanas y sus amigos, andaban juntos castamente. Cuando estoy de visita en casa, me siento en el sofá y me pongo a mirar el álbum y grito "¡Mira éste, ay no Mami, que mamón, ¿cómo pudiste?!" ¿Quién es el tipo en el uniforme de piloto de pie debajo del ala de un U.S. Air Force Bomber en una Base de Alaska? ¿Qué hace ella en ese apartamento o habitación de residencia de estudiantes, o donde sea que esté, permitiendo que le tomen un retrato contra un fondo de vulgares fotos de muchachas, sacadas de revistas, pegadas a la pared? Ella responde que eran las fotos del compañero de cuarto de no sé qué muchacho. ¿Y además, qué importa? Si a ella en realidad no le interesaban ninguno de los dos.

Una noche —esto ocurrió a principios del 1977— estaba yo en casa, de vacaciones de la universidad y por televisión estaban presentando al gabinete del nuevo presidente de los Estados Unidos, Jimmy Carter. De pronto, mi madre gorjeó sorprendida: "¡Zbiggy!" El nuevo Secretario de Estado la había cargado una noche a través de un Harvard Yard enlodado después de una fiesta para estudiantes extranjeros, donde ella lo había conocido. Mi madre estaba viviendo en Boston entonces, en un hospedaje para extranjeras. (Supongo que Guatemala todavía era considerado inseguro para su regreso.) Dijo: "¡Zbiggy era como un león!; y lo pronunció así: leeeeeeón. ¿Conque Zbiggy, eh?"

De alguna manera, Mamita acabó trabajando de secretaria en una fábrica dedicada primordialmente a producir dientes postizos; la Myerson Tooth Corporation, así se le conocía entonces, antes de que la comprara la Pfizer. Las "chapinas", saben ustedes, llegan tarde a todo; de hecho se supone que lo hagan. Es parte de ser una señorita bien criada el llegar con retraso a todo —una versión decimonónica romántica de feminidad etérea—, y así mi madre, después de muchas advertencias amables, fue despedida por llegar tarde al trabajo todos los días. Mi padre se la encontró llorando junto a la fuente de agua, justo después de recibir la mala noticia.

Bert Goldman, perteneciente a una familia de emigrantes judío-ucranianos (cuyo apellido era Malumudavich), era el ingeniero químico a cargo del laboratorio que hacía los dientes, y sus bolsillos, como las cuevas de los carnívoros, siempre estaban llenos de dientes sueltos falsos. Entre el diente falso útil más oscuro y el más blanco hay una infinita gradación de matices y justamente ahí radican la gloria y el infierno del ingeniero de dientes postizos; encontrar, en la mundana coloración de los dientes cotidianos, un arco iris de matices infinitos. ¡Una combinación perfecta para cada diente imperfecto! Con frecuencia viajaba al norte de Canadá, a las canteras y a las minas en busca de las mejores vetas de feldespato (esto antes de que el negocio de los dientes empezara a usar el plástico). Era grande, inteligente, caballeroso, extremadamente atlético, y mucho mayor que ella.

Su boda iba a tener lugar en Ciudad de Guatemala, pero a última hora, las autoridades eclesiásticas, (quienes, dicho sea de paso, estaban muy ocupadas conspirando con la CIA para preparar a la población para el próximo golpe de estado) determinaron que ella no podía casarse con un judío en ninguna de sus iglesias. Así es que el séquito nupcial se mudó hacia el norte, a México, aunque, naturalmente, no todo el mundo pudo asistir. Pero, en la iglesia de Ciudad de México, las damas —¡damas profesionales! pero que hacían muy bien su papel, unas jóvenes simpáticas, bonitas, y sanas,— podían ser alquiladas, tanto para la ceremonia como para la fiesta que siguió después. Mi madre recuerda a sus damas con mucho cariño.

Dificultades matrimoniales. Huída. Recuerdo vagamente haber dormido en unas butacas que habían sido juntadas en una habitación de hotel en la Florida y haber tomado vuelos de Pan Am al antiguo Aeropuerto Aurora, de Ciudad de Guatemala con su terminal como una gigante pagoda de madera tallada. Mi hermanita, que era entonces una bebé, y yo vivíamos en la casa de mi abuelo y jugábamos en el mismo patio donde el mico travieso también había jugado, y perecido. Tengo memorias muy vívidas de esa época. ¡Era tan querido! ¡Por Mami, por mis abuelos, por Tía Nano, por mis madrinas y por un interminable desfile de criadas, niñeras y vendedoras! Nuestro destino era seguir viviendo allí, de no haber sido porque mi hermana y yo contrajimos tuberculosis, lo que precipitó el regreso a Boston y una reconciliación matrimonial.

Los suburbios. Una casita de una sola planta en una subdivisión de un bonito valle de Nueva Inglaterra. Los vecinos eran mayormente irlandeses e italianos, trabajadores de clase media y viajantes de comercio, y gente así por el estilo. Después que apareció en televisión un documental sobre Guatemala, los vecinos empezaron a decir que mi mamita se había criado bañándose desnuda y lavando su ropa en los ríos. Alguien, que resultó ser el pedagogo del vecindario, le dijo a sus niños que, como mi papá era judío, nosotros adorábamos a un becerro de oro. Mamita iba en auto hasta el pueblo aledaño al nuestro para asistir a misa, y así sucesivamente.

¡Y lo ñoño que era yo! No sólo era enfermizo, sino que también había sido exagerada y amorosamente mimado y consentido como todo niñito de cualquiera de nuestros países que esté expuesto a una casa llena de mujeres consentidoras. El patio de

la casa de mi abuelo en Ciudad de Guatemala era como un estadio repleto de adoración femenina, conmigo en el centro. ¡Ay
mi amorcito, mi chulo, mi rey! ¿Qué quiere el niño más divino
del mundo? (¿Cómo es que una cultura así produce hombres tan
violentos? La respuesta no es tan sencilla como parece.) Yo tenía
un acento muy fuerte y en segundo grado constantemente me sa-
caban del salón de clases para tener sesiones privadas con una
terapista del habla. ("Di *mother*"… "*Mud-hair*".) Y me fastidia-
ban. Y tenía miedo. Sobre todo, le tenía miedo a la pelota, a
cualquier pelota. Papi, como les dije, era un gran atleta y probablemente estaba harto de mí. De cualquier modo, trabajaba muy
duro y llegaba a casa cansado. Cuando jugábamos a la pelota, yo
me desmoronaba, como si él hubiera sido Thor lanzando marti-
llos y rayos. Así que pienso en Mami —todavía tan glamorosa,
con sus pantaloncitos cortos, sus gafas oscuras, un pañuelo de colores vivos sobre el cabello y anudado suavemente bajo su barbi-
lla— por lo menos así es que yo la recuerdo, afuera en el patio,
tratando de enseñarme a coger una pelota de béisbol. ¡Era paté-
tico! Cómo si ella hubiera sabido. La pelota nos pasaba por el
lado, de un lado a otro, y Mami se daba vueltas a perseguir la pelota, y Frankie se daba vueltas a perseguir la pelota. ¡Ja, ja, ja!…
Para que aprendiera a defenderme, Mami me matriculó en una
clase de karate en Boston. La violenta y racista guerra de pandillas, entre los niños de la escuela parroquial y los de la escuela
pública, se estaba poniendo peligrosa, sin duda. Me emboscaron
un día cuando venía de la escuela, por la orilla del cementerio,
en la cima de la colina que dominaba nuestra calle. Tenían unos
largos palos de bambú con unos cuchillos en la punta —¡qué
imaginación!— Nunca antes había corrido tan rápidamente— ni
tampoco lo he vuelto a hacer. Los palos les restaban velocidad.
¡Cómo si las clases de karate me fueran a ayudar con muchachos
como ésos! Recuerdo haberme puesto mis piyamas blancas nue-

vas y haber saludado a la niña, igualmente ataviada, que me habían asignado como pareja. Ella, inmediatamente, me lanzó —¡pum!— a la estera. Eventualmente, le cogí el golpe, no al karate sino a ser muchacho, y con toda honestidad, también le cogí el gusto a algunos deportes violentos y rápidos, y me volví tan cabrón como el que más.

Esa no era la vida para la cual Mamita había sido criada dentro de la "tacita de plata". Pero, así fue como asumió las subsiguiente décadas de su vida norteamericana. Todavía recuerdo nuestras visitas a Guatemala, en el verano, como escapadas a un lugar más feliz, más hermoso, y para ella, más natural. Yo consideraba que mi familia guatemalteca era rica, en comparación con mi familia de los Estados Unidos. Mi mamá estaba siempre estudiando y trabajando, y yo probablemente suponía que era porque necesitábamos dinero. De maneras a las que yo estaba totalmente ajeno, hizo frente a sus circunstancias, desarrollando una nueva idea de sí misma. No quería ser una secretaria bilingüe; quería enseñar. Y, eventualmente, en maestra de español fue que se convirtió; primero, como educadora para adultos, después en un Junior College en un suburbio de Boston, y finalmente, en la Berkeley School of Music en Boston.

Aun así, había un cierto grado, no raro, de infelicidad en nuestra casa. Mi padre, con su estricta moral de campesino emigrante ruso-judío, no estaba bien preparado para guiar a hijos adolescentes por los oscuros y endrogados años finales de la Guerra de Vietnam. Había sido el papá más feliz y amoroso durante mi niñez, pero durante gran parte de mi juventud, fue un hombre rabioso, frustrado, trágico y violento. Durante esos años, mi madre, desvalida y sin saber qué hacer, revoloteaba en el trasfondo, gritando continuamente, ¡No le des en la cabeza! Sin duda, yo era un muchacho terrible que sacaba de quicio a mi padre. Era infeliz, en mi casa y en la escuela, y mi madre siempre dice que desde que cumplí los trece años, ella apenas me vio más, y que yo, para todo fin práctico, vivía en la calle. Apenas recuerdo a mi mamá en esos años porque estaba consumido en la batalla con mi padre. Y con sus ridículos prejuicios y convenciones sociales guatemaltecas, a mí me parecía que mi mamá no tenía ni idea de lo que estaba pasando a su alrededor. ("Recuerden", no dejaba de repetirnos nunca, "¡ustedes son guatemaltecos también!" Gran cosa, *eso* sí que iba a prevenir nuestras peleas.) Mis padres se separaron estando yo en la escuela superior. Años más tarde volvieron a juntarse y mi padre, jubilado hace ya mucho tiempo, ha vuelto a ser tan dulce como cuando yo era niño.

¡Ay, Mami! ¡Qué idea me hacía yo de ti! En temperamento, siempre éramos los más parecidos, tú y yo. Todo el mundo piensa que estamos contentos y tranquilos y sobrellevando bien las cosas, especialmente cuando no lo estamos. Quién podía saber lo que pasaba durante todos esos años en que viviste tu dura vida americana, siempre la dulce y recatada dama guatemalteca, nunca quejosa, ni negativa o resentida, mientras por dentro te volvías cada vez más compleja y sabia y observadora, pero todo el tiempo manteniendo tu porte de dama, no por una irremediable nostalgia o un provincialismo a ultranza, sino por un sentido de orgullo. Era una afirmación, una máscara y un arma. Apenas tuve conciencia de ello hasta hace poco, hasta aquel día en Washington, DC. (Mi hermana Bárbara es la que te conoce bien, la más cercana a ti, la que ha estado contigo en cada paso del camino.)

Llamaba la atención que mi madre rehusara convertirse en ciudadana norteamericana. A mí me parecía que era parte de su infatigable orgullo de ser originaria de la "tacita de plata", y sospechaba que podía haber algún otro motivo oneroso en ello. Nunca me pasó por la mente que pudiera haber un elemento de desafío o de protesta decepcionada en su rechazo porque esa actitud no parecía posible en Mamita. Su identidad guatemalteca era lo que más le importaba, pensaba yo. Mantuvo la ciudadanía guatemalteca, creía yo, por un falso sentido de orgullo y de auto-protección arraigado a una especie de cuento de hada sobre la vida que había perdido, la vida que hubiera tenido de haberse casado allá, de haberse quedado allá, de haber criado a su familia allá, en un mundo donde tradicionalmente los hombres conside-raban que era un insulto a su masculinidad el permitir que sus esposas trabajaran. (El mundo que yo sospechaba que ella secre-tamente lamentaba haber perdido.) Sus amigas más cercanas en los Estados Unidos eran casi todas latinoamericanas. Sin embar-go, era en su trabajo, especialmente en el Berkeley School of Music, donde se sentía más feliz, más satisfecha. Me gusta bro-mear diciendo que ella era la profesora de marimba allí, pero no, enseñaba español. En esa escuela maravillosa, famosa por sus programas de jazz, mi madre encontró su primera comunidad ge-nuina en este país. El estudiantado venía de todas partes del mundo. Gran parte del claustro, incluyendo el profesor que la contrató, es afroamericano. Durante veinticinco años estuvo in-mersa en un mundo sofisticado nada convencional, rodeada por amables, ambiciosos, y musicalmente talentosos jóvenes de todas partes del mundo, por todas las últimas modas de cada ge-neración, y por estilos y comportamientos extravagantes, que tendrían que haber provocado en cualquier chapina bien criada un grito de repulsión, temblores y un ¡qué horror! ante la horri-ble decadencia y el libertinaje gringo.

Hace unos años, Mamita, de pronto, se hizo ciudadana ame-ricana. Como es típico en ella, no dio demasiadas explicaciones. Se rió y juguetonamente ondeó la banderita americana que le habían regalado en la ceremonia del juramento. Yo me sentí un poco decepcionado porque me había empezado a gustar su resis-tencia, terca y excéntrica. No sabía realmente por qué había cambiado de parecer y tampoco tenía una verdadera opinión sobre ello. De hecho, no tenía ni idea, hasta el año pasado en Washington DC. He publicado dos novelas y ambas han sido finalistas de un premio que se otorga en la Folger Shakespeare Library durante una ceremonia montada muy hermosamente, y que haría resplandecer de orgullo a cualquier padre o madre. La primera vez, tanto mi mamá como mi papá asistieron y la segunda, como mi padre estaba enfermo, solo asistió mi madre. Durante la fiesta, después de la ceremonia, estaba ella conversando con dos de las mujeres que otorgan el premio. Esto fue lo que le escuché decir mi mamita: había decidido hacerse ciudadana de Estados Unidos después de la primera ceremonia de otorgación de premios en la Biblioteca Folger porque ver a su hijo tratado con tanto respeto y honor la había hecho sentirse finalmente aceptada en los Estados Unidos. Los administradores del premio quedaron sorprendidos y conmovidos. Yo quedé estupefacto, boquiabierto, mirándola. ¡Finalmente aceptada! Todos esos años tan tranquilamente soportados sin sentirse aceptada. Qué dolor silencioso, qué percepción tan hiriente, qué vergonzosa comprensión sobre *nuestro país* implica todo esto. Nunca había sospechado siquiera que su experiencia fuera tan profunda y cuidadosamente ponderada, que hubiera dentro de ella esta némesis: un Estados Unidos en el que ella se sentía *no aceptada*. Así fue que paso a paso, año tras año, metódicamente, se había educado, había logrado una profesión, había sobrellevado un matrimonio y una familia, había enviado a sus hijos a la universidad, se había convertido en la clase de mujer americana moderna que hasta entendía y admiraba los modos alocados y poco convencionales de los músicos jóvenes, que se sentía cómoda entre gente de diferentes trasfondos socioculturales. Mi madre, finalmente, se había hecho americana pero en sus propios términos. Eso era lo que ella quería, y lo que le había importado más profundamente. (Y ni siquiera lamentaba haber perdido su vida elegante dentro de una "tacita de plata", después de todo, ella sabía que ahí se hubiera ahogado. ¡Mamita rebelde!)

Mamita linda, de muchas maneras, la tuya es la única historia que me interesa. El misterio de la soledad humana, de la dignidad y el amor. El complicado misterio de nuestras vidas en nuestras Américas.

Elizabeth Yolanda,
madre de Dagoberto Gilb

*"Era pequeño, probablemente apenas empezaba
a caminar, pero puedo jurar que al alzar la vista
para verla, supe que era hermosa".*

DAGOBERTO GILB

Para ganarse la vida, Dagoberto Gilb trabajó dieciséis años en obras de construcción, doce de ellos como maestro carpintero para United Brotherhood of Carpenters. Es el autor de The Magic of Blood *(University of New Mexico Press), con el que ganó el PEN/Hemingway Award en 1994, y fue también finalista del PEN/Faulkner. Es también el autor de* The Last Known Residence of Mickey Acuña *(Grove Press). Ha sido distinguido con una beca Guggenheim y con el Whiting Writers Award. Sus trabajos más recientes han aparecido en* The New Yorker, The Threepenny Review, Double Take, *y en dos ocasiones en* The Best American Essays. *Su nuevo libro,* Woodcuts of Women *fue publicado en el otoño de 2000 (Grove). Actualmente forma parte del profesorado de Southwest Texas State University en San Marcos, Texas.*

Mi mamá

Estaba tomado de su mano en la estación del tren. Todavía puedo sentir mi brazo levantado en el aire, relajado, confiado. Debe haber sido Union Station en Los Ángeles, y no recuerdo para dónde íbamos ni por qué. Yo estaba encantado. Era muy pequeño, probablemente apenas empezaba a caminar, pero puedo jurar que al alzar la vista para verla, supe que era hermosa. Llevaba puesto un sombrero, uno de esos sombreros sin ala que usaban las mujeres en los años cincuenta y que combinaban con el resto de la ropa. Casi todas mis primeras imágenes de ella son de las tiendas por departamento a donde íbamos juntos, de ella probándose ropa, y de todo el mundo prestándole mucha atención, o de ella de pie junto al mostrador de cosméticos, mi mamá y las demás mujeres hablando alto y rápidamente, sin vergüenza, riéndose como muchachitas, y están los tubos de plata, oro y cristal, los frascos y los atomizadores, los pinceles pequeñitos, los polvos de colores. La estación del tren en ese viaje, a no sé dónde ni por qué, era del color negro y blanco de los sueños, y el interior tenía el aspecto remoto de un campo abierto, polvoriento como una memoria. Llevaba una rosa en el sombrero, estoy seguro; pero no era una rosa roja de verdad sino una artificial, con algo blanco y vaporoso alrededor.

Una vez, vi a mi mamá, caminando de rodillas rumbo al altar y tuve miedo. ¿Qué ocurría? ¿Por qué hacía esto? Era grande la iglesia, pero sólo la veía a ella. Tuve ganas de llorar, y quizás lloré, todavía me asusto cuando lo recuerdo. No miré a mi alrededor. Guiñaba y cerraba los ojos también y sólo veía a Mamá arrastrándose, la luz de los vitrales, un eco de silencio que me lastimaba los oídos. ¿Estaba llorando yo?

Creo que era La Ciénaga. Era un nombre en español, y las otras tiendas donde ella modelaba en el centro de la ciudad o en Wilshire Boulevard, tiendas por departamento como Broadway o Robinson no tenían nombres en español. La tienda no parecía muy grande, sólo elegante. Percheros de ropa de mujer con cuentas y piedrecillas, cuellos y mangas, tiritas y manguillos, y lazos, escotados al frente y en la espalda. Entré al vestidor donde las modelos estaban cambiándose de ropa para el desfile de ese día. Las observé un largo rato, aspirando el fresco vaho de su perfume, mientras ellas se apuraban con el entra y sale del vestirse y desvestirse las cremalleras, los broches, la estática, el suave susurro del quita y pon. La piel que era piernas y brazos y caderas redondas que terminaban en pequeñas cinturas, brasieres, hasta un seno, y panties que revelaban el misterioso vello oscuro. El píccolo de las voces de las mujeres. Yo era un chavalito tan bueno, me decían, y tan chulito, e iba a ser un hombre tan guapo, y me tocaban. Recuerdo la tibieza de su tacto, no en la región del hombre, sino por todas partes, como estar envuelto en mi manta favorita, con mis dedos agarrando el borde de nylon y el pulgar en la boca, chupando, hasta quedarme dormido. Ya entonces sabía que era la mujer, su atracción y encanto, lo que yo amaba, mi mamá y sus amigas, a su mejor amiga, la mujer de Puerto Rico, a quien ella podía hablarle español en susurros. Tenía suerte, y me sentía seguro porque a mi mamá le gustaba tenerme allí. Pero es este día en particular el que recuerdo porque del otro lado de la puerta del vestidor, cruzando el piso principal, había un viejo uniformado pasándole un tinte a la vitrina del escaparate que daba a la calle. Había unos maniquíes detrás y él me permitió que pasara por una media puerta y me sentara entre él y los maniquíes. Él pasaba el tinte con la brocha y yo miraba la gente y los carros que pasaban del otro lado de la vitrina. Era tan divertido estar allí, con el cristal tornándose un amarillo marrón y aquél punzante olor acre. Yo corría desde donde estaba él hasta el vestidor, de un olor al otro, de aquí para allá, con aquellos humos penetrantes y embriagantes, mientras corría desde donde estaba el viejo con la lata de pintura y la brocha en el cuarto donde nadie podía sentarse, hasta las hermosas mujeres en ropa interior.

∽ ∽ ∽

Le encantaba ir a Hollywood Park e iba a la última carrera porque la entrada era gratis. A mí también me gustaba ir, no sólo por los caballos y por la tierra que temblaba debajo de mí según partían del arrancadero y corrían hasta la meta. Me encantaba coleccionar las contraseñas de los *tickets* de apuestas como si hubieran sido cartas de peloteros, los perdedores lanzados al suelo, formando un camino de basura que empezaba en el estacionamiento y seguía hasta que alfombraba el *Grand Stand*. Yo coleccionaba los de cinco y de diez, de "a ganar", segundo y tercer lugar. Entonces me interesé por las apuestas de veinticinco y cincuenta dólares. Los más difíciles de encontrar eran las contraseñas de los *tickets* ganadores. Vagar por la pista era para mí como caminar por la playa en busca de caracoles enteros. A veces íbamos al área de entrada general que quedaba al mismo nivel de la pista, otras veces íbamos hasta un área más agradable donde había sillas y mesas y tragos, y en algunas ocasiones nos invitaban a sentarnos en la Casa Club privada, toda encerrada con cristales. Algún hombre se ofrecía a pagarnos un trago y a mí me traían un Roy Rogers, granadina con Coca-Cola. Ella me daba a comer las aceitunas en palillos que venían en su bebida. El hombre que nos pagaba las bebidas quizás podía decirnos algo desde lejos, y luego, se acercaba. Lo más que ella le decía al mozo, o al mismo hombre, era muchísimas gracias, tan fina, tan contenta con los tragos que le ofrecía el hombre, pero hasta ahí llegaba, y allí estábamos, ella y yo en las carreras. Yo era su acompañante. Yo era su hombre. Esos otros hombres en sus trajes, en sus chaquetas deportivas, con las corbatas ajustadas o sueltas, apestosos a colonia, arrancando billetes de una presilla de plata, eran obvios, estúpidos, fáciles de entender aun para mí. Ella, a lo mejor, encendía un cigarrillo. A veces fumaba, otras veces no. Fumaba, no porque le gustara el sabor, sino por el aire que le daba. Yo me quejaba de que no encontraba contraseñas de apuestas. Ella me decía que buscara alrededor de donde estábamos sentados, y yo me iba a buscar por encima de los manteles almidonados, en los ceniceros, buscando los grandes perdedores. Una vez encontré *tickets* "a ganar" de cuatrocientos dólares, doblados a lo largo.

Ella estaba saliendo con este hombre. Años más tarde me enteraría que había estado viéndolo durante algún tiempo, aún antes de que ella y mi padre se divorciaran, lo que ocurrió poco después de nacer yo. Su voz era escandalosa por definición, igual que una trompeta es escandalosa. Ella me preguntaba ¿te cae bien él? Nos llevaba a los juegos de béisbol, los Tigres, los Ángeles, los Yanquis, los Dodgers, los Gigantes y los Piratas. Me permitía quedarme un rato después de los juegos para conseguir autógrafos, y veces nos llevaba temprano a ciertos juegos para que pudiéramos ver la práctica de bateo. El año que Roger Maris bateó los sesenta y un jonrones, yo agarré uno de ellos. Era un hombre grande, un bombero de profesión, y a veces lo visitábamos en la estación. A mí me daba miedo deslizarme por el poste porque era muy gordo, muy ancho. Yo jugaba balonmano solo en el cuarto blanco que quedaba al lado de los camiones rojos. No era un mal hombre, pero a mí no me gustaba demasiado. No puedo explicar por qué, excepto que era tan escandaloso cuando hablaba; aunque me compraba helados siempre que yo quería, no era divertido. Así que yo le contestaba que no, que no me gustaba.

Estábamos en la cocina. Yo estaba sentado en una de esas pesadas sillas de metal con forro de vinilo lustroso —teníamos dos— y Mamá se enojó conmigo. Ya estaba acostumbrado. Ahora que estaba un poco mayor, tenía un trabajo en una oficina dental, y cosas como éstas pasaban porque estaba cansada cuando regresaba a casa. Pero esta vez, él estaba allí. Ellos se la

pasaban saliendo y a mí me dejaban solo en casa, con nuestra
tele sin botones y un *TV dinner*, y a veces hasta dos, porque estaba creciendo y flexionando los músculos que podía ver en mis
brazos. Él entraba a la casa sólo de vez en cuando, y esta vez ella
debe haberme dicho que me marchara, que saliera de la cocina.
En su vozarrón, él me dijo que hiciera lo que ella mandaba pero
yo me quedé allí sentado. Entonces él levantó aún más la voz,
gritando de verdad. Y yo, allí sentado. En ese momento, me agarró, pero yo me aferré a las varillas de metal debajo de la silla y él
la levantó junto conmigo. ¡Que no me voy! le dije. ¡Tú no me
mandas! Él estaba furioso, y mi mamá estaba gritando también y
le dijo que me dejara quieto y en eso él dejó de gritar y dejó caer
la silla conmigo adentro. Y ahí, yo me levanté y me fui llorando
a la habitación, esperando que ella viniera donde mí. A veces
Mamá me pegaba, y cuando entró eso era lo que yo esperaba que
hiciera, sin embargo, me abrazó sonriendo. Estaba orgullosa de
mí. Eres todo un hombre ya, me dijo, y me besó las lágrimas.

En la escuela los muchachos comentaban cosas, yo lo
sabía. Yo era más grande y más atlético y siempre estaba
rabioso, así es que no me iban a decir nada en mi propia cara. Mi
mamá era mexicana y mi mamá era divorciada y una vez una
niña me dijo que a su mamá no le gustaba la mía y que yo tampoco le gustaba. Yo no andaba con muchos muchachos. En la escuela jugaba sólo con aquéllos que practicaban deportes. Había
un chamaco— tenía su propio cuarto, lleno de tablillas todo alrededor, repleto de juguetes por todas partes, de todos los juguetes, los mejores juguetes y todas las bolas y guantes posibles.
Tenía una bola de baloncesto y un aro en el garaje. Yo me anto-
jaba de jugar y lo hacíamos, pero él era blando, fofo, y yo tiraba

solo tanto tiempo como su mamá me lo permitiera. Su mamá se la pasaba siempre fumando y bebiendo café en un tazón blanco manchado, y hablando por teléfono. Una vez yo entré a su casa y ella me llevó hasta su baño muy limpio, tomó una toallita de mano y me lavó el cuello y detrás de las orejas, estregándome con tanta fuerza que me dolió. Se suponía que ella fuera amiga de mi mamá, pero yo sé que no lo era porque el par de veces que mi mamá pasó a recogerme, sólo mi mamá habló.

A veces mi mamá me llevaba al Food Giant y me compraba un chili dog con queso finamente rayado encima que se derretía al instante. Cuando salía —que era muchísimo— me dejaba algo de dinero y yo iba en bicicleta hasta Thrifty y compraba un bloque de medio galón de helado de chocolate. No recuerdo lo que pensaba ella que yo debía comer. No cocinaba, excepto para mi cumpleaños, cuando preparaba un chile verde que hervía por tanto rato que la carne se ponía tan suavecita que podíamos comerla durante muchos días. También compraba tamales en una panadería en Whittier Boulevard, y algunos fines de semana me hacía huevos revueltos con chile verde que sacaba de una lata. Por la mañana, antes de que ella se fuera a trabajar y yo a la escuela, cuando íbamos a la cafetería a desayunar, me daba sus papas *hash brown*. Y aún entonces a esa hora, los hombres la miraban. Incluso a esa hora, los hombres se acercaban a mi mamá y se agachaban a veces para hablar con ella, para presentarse. Yo estaba empezando la escuela intermedia, ya había tocado a una chica, había visto revistas de mujeres desnudas y sabía lo que querían esos hombres. Yo era muy guapo, le decían. Cuando adivinaban mi edad se equivocaban por varios años, y entonces la conversación pasaba al tema de su belleza y sobre cómo era posible que una mujer tan joven tuviera un hijo de esa edad. Ella era demasiado atenta con ellos. Y recuerdo, cierta vez, los ojos de un hombre mirando a mi mamá. Yo quería que estuviéramos solos. No quería que ella fuera tan cortés. Me dio tanto coraje con ella, tanto coraje, que creo que nunca se me pasó.

Había dejado de modelar. Cuando ella y su amiga puertorriqueña se reunían hablaban sobre las otras modelos y sus traseros grandes y sus chiches colgantes, sobre fajas y postizos. Su amiga puertorriqueña se iba a casar con un hombre que tenía el velero más grande jamás visto, e iban a darle la vuelta al mundo. Ya él lo había hecho antes. Era tan rico que no tenía que tener un empleo. Mi mamá tenía que tener un empleo y eso la cansaba. Pero no era sólo eso. No era sólo que estaba cansada por su trabajo. Tenía muchas citas, por lo que siempre andaba ocupada, o trabajando o saliendo. Hablaba con avidez de Pancho González, la estrella de tenis. Otra de sus amigas íntimas, supuestamente era prima de él. Era una mujer que hablaba demasiado, demasiado rápido, y que bebía y se reía feo. Mi mamá y ella se decoloraban el cabello, rubio o platinado, pero el de esta amiga era feo y se veía vulgar. Era fea, chaparra, y gorda y tenía la piel llena de barritos, pero se creía tan linda como mi mamá. Era problemática, yo lo sabía porque ya para entonces era más listo y sabía más de lo que mi mamá parecía saber. La prima no ayudó a que mi mamá conquistara a Pancho González, pero se emborrachaban juntas muchísimo. La otra amiga de mi mamá, la puertorriqueña, dejó de venir. Quizás ya estaba navegando por el Océano Pacífico o quizás todavía no, pero estaba casada, y era rica, y nosotros no.

A pesar de que ya no se hablaba de los trabajos de modelaje, ni había muchos tampoco, ropa bonita sí había. Las cuentas llegaban por correo diariamente. Yo salía al teléfono y un cobrador preguntaba por ella y yo le decía que no estaba en casa, aunque estuviera. Estaba trabajando entonces para un dentista que era mormón, y saliendo con él, y dos viejas chismosas empezaron a tocar a nuestra puerta y a entrar y a sermonear a mi mamá y yo las escuchaba con ella, por ella y respondía a sus preguntas porque ella no sabía la respuesta. Quería convertirse en mormona y no le importaba cómo. Fuimos a la casa de él para el día de Acción de Gracias, la primera cena de Acción de Gracias a la que asistí. La madre del dentista tenía un chongo de pelo gris y blanco y un delantal vaporoso como los de las abuelas que salían en los programas de televisión. Tuvimos que sentarnos en una larga mesa de comedor, más larga que ninguna de las que había visto por televisión, llena de gente. Fue un festín de fuentes y platones de servir repletos, que se iban pasando alrededor de la mesa, y yo comí tanto pavo y tanta papa majada que me enfermé por el resto de mi vida, pero, no creo que haya sido porque comí de más. Fue porque a ellos no les gustó ella. Bueno, a mí desde el principio tampoco me gustó esa gente. Ella y yo sólo podíamos hablar uno con el otro y como nos quedamos juntos todo el tiempo, nos miraban como si hubiéramos estado secreteándonos al hablar en español. Después de la cena dimos un paseo alrededor del vecindario de él —que era todo verde por los árboles enormes y por la yerba, y no siempre había aceras, y la idea era que él llegara a conocerme un poco— cuando de pronto mi mamá dijo que algo no andaba bien, que estaba sangrando. Me aseguró que no era esa clase de sangrado y se burló un poco de mí por no haber entendido inmediatamente, pero él no se rió. No le gustó el asunto. No quería tener que buscar una tienda que estuviera abierta, y no podía creer que ella no estuviera al tanto de algo así, que no estuviera preparada. Pero ella no le hizo caso prefiriendo mantenerse risueña. Quería que él estuviera contento, pero él no se rió. No sé qué pasó después de eso. Este era el hombre por el cual yo le había estado mintiendo a mis nuevas amistades de la escuela intermedia. Antes de yo conocerlo, ella me había dicho que se iba a casar con él. Era dentista, me había dicho, y yo jactancioso les decía a los muchachos, mi papá es dentista. Quería que fuéramos más ricos que ellos. Después de ese día no recuerdo haberla escuchado a ella hablar más sobre él, y nunca pregunté.

En dos o tres ocasiones mi mamá me llevó a la casa de una anciana. Era una casa vieja con cosas viejas, y tomaba tanto tiempo comportarnos cortésmente y comer comida desabrida. La señora, me dijo Mamá, pensaba que yo era un chico listo y le gustaba que yo la visitara y, también me dijo, que a lo mejor recibiría una herencia de ella. La señora era amable y a mí no me parecía que hubiera nada malo en el asunto, pero no me sonaba muy bien. Ya para entonces mi mamá no siempre me parecía muy confiable. Pero no sabía qué otra cosa hacer así es que fui con ella a la funeraria para rendirle mis respetos a la anciana. No había nadie más, y aún así me parecía como si estuviéramos siendo vigilados como ladrones. El ataúd estaba abierto pero no me acerqué. El lugar era como una iglesia, con bancas de madera, y cruces y Jesúses, pero sin Vírgenes. Mamá se arrodilló en el reclinatorio acojinado, y al bajarse se tiró un pedo. Creo que fue la primera vez que escuché algo así de ella. Me miró y yo la miré tratando de contenernos, pero mientras más tratábamos de aguantarnos, más fuerte era el deseo de reírnos. Ella seguía allí arrodillada, sus manos juntas y su cabeza inclinada, al parecer muy educada y como si estuviera rezando, pero en realidad estaba riéndose, y me miraba y los dos empezamos a reír a carcajadas. No hubo herencia para ninguno de los dos.

Una noche, estaba viendo la televisión cuando un hombre para quien Mamá trabajaba y con quien yo creo que había salido, llegó hasta la puerta vociferando cosas sobre ella. Ella había salido a una cita, no sé a dónde, ni cuándo, ni con quién. Él gritaba algo sobre un dinero, que qué había hecho ella con su dinero. Estaba borracho, y maldiciendo a grito pelado. Yo sabía lo que era una borrachera porque a veces había botellas en casa, vasos rotos a veces, risas. Y sabía quién era el hombre que estaba en la puerta porque le había disparado a alguien. Mi mamá me había hablado de él antes, y yo la había oído contándoselo a sus amigas. Él siguió pegándole a la puerta que finalmente se abrió de par en par frente a mí, justo cuando un vecino policía que vivía un poco más abajo y a quien yo había llamado, llegó corriendo. Una semana más tarde mi mamá se casó con un hombre que se había criado en algún lugar cerca de Lancaster. Nunca lo había oído mencionar ni lo había conocido antes. Era el primo de una mujer con quien ella había trabajado. Tenía una sonrisa muy estúpida, tan estúpida como su nombre pueblerino. Lo único que me gustó de él fue que me preguntó si había algo que pudiera hacer por mí. Por alguna razón yo le dije que quería que me llevara a conocer Washington DC, y él sonrió con su estúpida sonrisa y me dijo que lo haría. Y yo le creí. Él y mi mamá se fueron una semana de luna de miel a Arizona y después de eso nos mudamos al sitio donde él vivía. Él se ponía un uniforme verde limpio, todos los días para ir a trabajar, y lo usaba también la mayor parte del tiempo. Tenía cabezas de venado y pájaros y pescados en las paredes, muebles de arce, una mesa de comedor con un montón de sillas que hacían juego alrededor. Y un hijo que era taxidermista del cual estaba muy orgulloso. El nuevo esposo de mi mamá era electricista y un par de veces trabajé con él, y ahí fue cuando lo escuché decirle a sus compañeros de trabajo, lo afortunado que se sentía de estar casado con una chica mexicana tan bonita. Unas semanas más tarde ella fue seleccionada para participar en el programa de televisión *Let's Make a Deal*. Cuando Monty Hall le preguntó su nombre, ella le dio su nuevo nombre sin titubear. Pero no se ganó gran cosa, veinte o cuarenta dólares, y ni siquiera logró seleccionar una puerta.

No debe haber sido mucho tiempo después de eso que ella me invitó a almorzar. No habíamos podido salir juntos, los dos solos, en mucho tiempo por causa de su trabajo y luego por sus citas y ahora, por lo ocupada que estaba con su nuevo esposo. Estaban empezando a tener pleitos, callados o a viva voz, sobre las cuentas y el dinero, y los dos corrían para ser los primeros en recoger la correspondencia. El almuerzo fue con el hombre gritón con el que había salido antes. Nos llevó a un restaurante. No recuerdo la comida, o si lo pasé bien o mal, ni mucho de nada, sólo que cuando llegó al estacionamiento del edificio de apartamento donde vivíamos, donde vivía el esposo de mi mamá, ella saltó del carro y corrió apurada hasta la puerta de entrada y yo me quedé atrapada en el asiento trasero y este antiguo novio de ella se inclinó hacia atrás para hablarme. Me dijo que amaba a mi mamá, que estaba muy apenado y que deseaba no sé que cosa, no recuerdo. Fue un discurso, supongo y me pareció como que iba a empezar a llorar o quizás estaba llorando ya, pero yo le dije que me tenía que ir y me bajé del carro. Quizás por eso era que no me caía bien. Con lo grandullón que era, con lo bocón, y sin embargo, lloraba. El carro pudo haber sido un Thunderbird Coupe pero yo ni siquiera disfruté eso. Sabía que las cosas no marchaban bien entre mi mamá y su esposo, que ella no era feliz, y no la juzgaba —supuse que ella había estado escapándose para tener estos almuerzos desde esta vez que me llevó con ella— pero dejé en lo posible de estar cerca de mi mamá y su esposo. Nunca me gustó la carne de venado, ni los muebles de arce, ni la música de Hank Snow así es que comía con mis nuevos amigos del vecindario, me quedaba con ellos hasta lo más tarde que pudiera, a veces hasta el día siguiente. Durante un tiempo, después de que mi mamá y su esposo se separaran, vivimos en un complejo de apartamentos en el sur de la ciudad, y ella se pasaba echada en el sofá, medio despierta, medio dormida, deprimida. No hablábamos demasiado. Yo tenía un empleo y a pesar de que me estaba metiendo en peleas en la secundaria y el asistente del director la llamaba para decirle de los castigos, y que me podían suspender y todos esos líos, a mi mamá en realidad no le importaba, ni a mí me parecía tampoco que el asunto fuera tan grave.

Se casó con el bombero escandaloso que a mí no me caía bien pero que era un buen hombre, casi diez años menor que ella, aunque nadie pareció notarlo nunca, y que aún la quería después de todo ese tiempo, y nos mudamos. Él le compró una casa nuevecita con todo lo que iba adentro, y era como si fuéramos ricos, a pesar de que nunca sentí que nada de aquello fuera mío. Todo era de ellos, de él y de ella. Él no paraba mucho en casa. Trabajaba duro en dos empleos —también conducía un camión de la Brink— y ella tenía ahora todo el dinero con el que había soñado porque él le entregaba su cheque como si ella hubiera sido un mago de las finanzas. Cuando estábamos solos o cuando estaba bromeando con las amigas que venían a visitarla, sus viejas amistades y muchas amistades nuevas —era ella la que hacía amistades porque dejaba su puerta abierta y todo el mundo la quería mucho— ella decía que él podía ser aburrido y soso, que si él no hubiera estado fuera la mayor parte del tiempo, si ella no lo hubiera mantenido trabajando en dos empleos…Entonces se reía, y todo el mundo se reía con ella. Siempre tenía comida y siempre un trago. Había botellones de vino, cerveza y otros licores. También había una licuadora nueva, a todo dar. A él también le encantaba beber con ella. Le encantaba todo lo que ella hacía, todo lo que compraba, cualquier cosa que comprara, y ella lo compraba todo, y él la quería tanto. Ella era lo mejor que él jamás imaginó que le ocurriera, su vida estaba llena de rayitos de sol y de colores que él nunca había visto. Si yo no andaba por allí —y yo no estaba por allí mucho porque salía con mis viejas amistades de mi antigua escuela superior o me iba a mi nuevo empleo para tener mi propia plata, o a fiestar, porque yo también fiestaba ahora y experimentaba con drogas y licor y novias— me alegraba de que ya ella no se preocupara. Como ella no tenía nada más que hacer excepto complacerlo, pues lo complacía. A él no le gustaba la comida picante, así es que ella aprendió a cocinar papas y asado. Ella lo apapachaba cuando él regresaba a casa de uno de sus trabajos, lo hacía sentir como si fuera dueño del mundo. Bebían juntos, hablaban y se divertían cuando bebían. Cuando ella estaba con él, se volvía como él. Cuando él pensaba que debía ser serio, peroraba filosóficamente sobre la gente negra y los inmigrantes ilegales. Mi mamá era una inmigrante ilegal, hija ilegítima nacida en la Ciudad de México, y bautizada en la Basílica en honor a la Virgen de la Guadalupe. A veces trataba de detenerlo cuando él se lanzaba en sus largos editoriales, pero detenerlo no siempre merecía la pena, y empecé a darme cuenta que ella ya no era tan sólo mi mamá, ella era su esposa.

Mi mamá se estaba convirtiendo en una persona a la cual yo no querría conocer, y a veces se enojaba mucho conmigo, especialmente cuando yo no aceptaba eso en lo que ella se había convertido, o el que se hubiera vuelto a casar, o cuando yo le recordaba un pasado que ella no quería recordar. Una vez se puso furiosa conmigo cuando le dije a una vecina que su esposo no era mi verdadero padre. No sabía que no se suponía que lo dijera, y me dio pena haberla avergonzado. A mí ni siquiera me importaba mi verdadero padre, sólo lo veía una par de veces al año, pero las únicas veces que los esposos de mi mamá eran "padres", era cuando los demás lo daban por sentado. Para mí eran sólo hombres, parte de su vida, no de la mía. En otra ocasión, después de haber vivido un año en la casa nueva con su nuevo esposo, algo que dije o hice la enfureció tanto que me dijo que ella no sabía de dónde yo había salido. Y lo decía de verdad, mirándome como si yo hubiera sido un perfecto extraño, un pésimo inquilino.

Me gradué de secundaria. Me fui de casa. Conseguí un trabajo surtiendo góndolas en un almacén, y comencé mi *junior college*.

Un martes por la mañana, justo antes del amanecer, desperté bruscamente de un sueño. Fue tan poderoso que encendí la luz y lo anoté. En el sueño, una voz me hablaba y me preguntaba si quería hablar con ella, ella, refiriéndose a mi mamá. ¿Por qué no iba a querer? Porque ya nunca lo hacíamos, porque hacía décadas que no hablábamos realmente. Cuando lo hacíamos no había entre nosotros más que tirantez y mutuos reproches, y durante varios años consecutivos no hubo nada. Me había mudado lejos, a El Paso. La voz, no la de mi mamá, me estaba haciendo preguntas de parte de mi mamá, y yo empecé a responderle al sueño, a la voz, y también directamente a mi mamá. Era en forma de entrevista, sus preguntas y mis respuestas. Le respondí a la voz que sí, que siempre la quise, que quise muchísimo a mi mamá. Ella tenía que saber que a mí no me importaba ninguna de las cosas malas que se habían interpuesto entre nosotros, que yo sólo recordaría cuánto la quería. Siempre estaría orgulloso de ella. Dije que pensaba que ella era la mejor mamá, la mujer más hermosa del mundo, que la quería tanto. Dije que comprendía todo lo que ella había pasado. Claro que yo no recordaba tan sólo nuestro pasado o nuestros problemas. Claro que la perdonaba, y le pedí que también me perdonara ella a mí. Y entonces, fui dominado por un sollozo que ya no estaba en mis sueños, sino en mi cuerpo mismo, y en mi boca y en mis ojos.

Dos días más tarde, me llamó su esposo. Estaba calmado y optimista. Me dijo que mi mamá había sido ingresada en el hospital el martes. La habían encontrado inconsciente. Tenía problemas con el hígado. Estaba en la Unidad de Cuidado Intensivo pero él estaba convencido de que se repondría y que muy pronto estaría de vuelta en casa. Es que pensó que yo debía saberlo. A mí me pareció que la cosa sonaba mucho más seria así que llamé al hospital y conseguí allí a una enfermera a quien le pregunté directamente. Me contestó que yo tenía razón, que generalmente el asunto era sólo cuestión de tiempo, que podía ocurrir en cualquier momento, pero igual podía tomarse días o hasta algunas semanas. Le pregunté por el hígado, si lo que tenía era por la razón habitual por la que se dañan los hígados. Y ella preguntó: Bueno, ¿ella fue siempre el alma de las fiestas? Compré un boleto de avión. Recordé que durante la última visita del año anterior había encontrado una botella de vodka vacía —plástica, de la marca más barata que se puede comprar— en una esquina de la habitación en la que yo estaba durmiendo, y donde ella guardaba una montaña de bolsas y zapatos y monederos y toda clase de cosas. Encontré otra, casi vacía, detrás de la puerta de un *closet* que ella dejó abierto. Alquilé un carro y fui hasta el hospital. Estaba hinchada, su cabello hecho un lío, una mujer que nunca faltó a una cita con su peluquero, envuelta en una fea y poco atractiva bata blanca atada alrededor de su cuerpo. Le salían agujas de las manos y los brazos, y tenía una mascarilla transparente sobre la boca y la nariz. Cuando me vio, se abrieron sus ojos. No tenía voz, no podía hablar, así que hablé yo. Muchos años habían pasado, y ella sabía muy poco sobre mi vida. Sabía que había trabajado en la construcción. Pensaba que eso era lo único que hacía. No sabía nada de la otra vida que llevaba. De mi vida como escritor. Nunca se lo había dicho, pues temía que ella siguiera siendo sólo su esposa, no mi mamá, y que no le importara como debía importarle. O sino, que se sintiera demasiado aliviada, y que todos esos otros años en que yo había estado luchando, cuando a ella parecía no importarle, cuando ella me criticaba y hasta pensaba que yo me merecía cualquier desgracia que me ocurriera, fueran olvidados. No quería olvidar eso tan fácilmente. Por esa razón nunca le dije nada. Pero yo sabía que mi mamá estaría orgullosa, sabía que estaría feliz por mí. Le dije que no sólo era un escritor, sino que también tenía un libro publicado y otro recién salido de las prensas. Que había ganado premios. Que había estado yendo a Nueva York y a Washington, DC —más de una vez, y que nunca tenía que pagar. Sus ojos sonrieron ampliamente. Sabía que eso sería lo que más le gustaría, pues siempre había querido viajar por el mundo. ¿Me puedes creer que hasta me están dando dinero? *Estaba* orgullosa de mí y tan sorprendida como lo estaba yo. Entonces le conté cómo fue que supe verdaderamente que tenía que venir. Le conté el sueño que había tenido dos noches antes durante la primera noche que ella pasó en el hospital. Los ojos de mi mamá dejaron de moverse. Le dije, hablé contigo, tú estabas hablándome, estábamos hablando. Asintió, su debilitado cuerpo se retorció mientras asentía. Sabía que era cierto, y sin embargo yo no hubiera creído esta historia si la hubiese escuchado. Era tan similar a una escena de lecho de muerte de telenovela, madre e hijo, ambos sollozando a causa de una conversación psíquica que viajó cientos de millas a través de la contaminación y el tránsito, sobre las montañas y a través de tres desiertos, de un sueño a otro, para que no nos perdiéramos el contárnoslo uno al otro, por última vez, antes de que ella muriera. Estaba tan sorprendida como yo, tan contenta como yo. ¿Saben? Seguía asintiendo, mirándome, llorando. Ay, Mamá, le dije.

Virtudes Sánchez Díaz, madre de Junot Díaz,
fotografiada en Santo Domingo, República
Dominicana, 1964

*"Ni siquiera puedo decir con honestidad que fueron sólo sus
palabras las que me animaron a comenzar de nuevo, pero
cuando vuelvo sobre esto ahora, pienso que esta percepción —
que fue ella quien me ayudó a darle un nuevo impulso a mi
vida— no me parece tan descabellada ni equivocada".*

Junot Díaz es el autor de Drown *(Riverhead Books) publicado también en español bajo el título de* Negocios *(Vintage Español). Su trabajo literario ha aparecido en* Story, The New Yorker, African Voices, The XXII Pushcart Prize *(1998) y en* The Best American Short Stories *1996, 1997, y 1999. Ha recibido también el Eugene McDermott Award y una beca Guggenheim. Actualmente es profesor de Redacción Literaria en Syracuse University, y escribe su primera novela. Vive en la ciudad de Nueva York.*

Cómo (en una época difícil) descubrí a mi mamá y aprendí a vivir

I.

Me pasé mi último año de *high school* más o menos jodiéndolo todo. Me quedaba en casa cuando debí haber estado en clases; no hice trabajo alguno; me peleé con las maestras, peleé con mis compañeros; era un bocón malcriado. Para octubre, me habían botado del programa de honor —primer negro en entrar, primer negro en salir— y me habían pasado al programa "regular" donde no hice nada excepto mirar las paredes y leer los libros de Stephen King. *It* fue el último libro que leí en *high school*, lo que debe decirles algo de mi estado mental. (*Todos flotamos acá abajo.*) Tenía diecinueve años, porque me había atrasado un año por mi español, y tenía un tipo "flaco adolescente" y "feo adolescente". Ni limpia la cara, ni limpia la ropa. Y, 'mano, qué pobreza la nuestra. Desde que el viejo se largó, mi familia había caído en la pobreza de la economía Reaganiana de los ochenta. Cualquiera que haya vivido esa época sabe de lo que estoy hablando. Fueron años duros para la gente de color pobre, especialmente duros si uno era inmigrante. Uno sabía que las cosas estaban malas porque los blancos no estaban ni siquiera tratando de ser como nosotros. La situación era bien desesperante. Hubo mañanas de locura que yo corté clases porque no toleraba la idea de volver a ponerme la misma mierda que me había puesto tres días antes. Así es que esos días, en vez de irme a la parada de la guagua (desde que mi hermano había ingresado al hospital, yo y mis panas nos habíamos visto obligados a andar en guagua porque ninguno de nosotros tenía los cuartos para mantener su Monarch en la carretera) me iba al *landfill*, el terreno que habían rellenado, y me quedaba en el bosque el tiempo que pudiera aguantar. Los días lluviosos me marchaba hasta la Bibiloteca Sayreville y me ponía a rebuscar entre los anaqueles. Recuerdo haber quedado particularmente prendado de la serie *Canopus in Argos* de Doris Lessing, del diseño y el peso de esos libros de carátula dura. Los hallé un día mientras buscaba algo que leer además de King. Recuerdo haberlos bajado y haberme preguntado cómo diablos aquello podía ser ciencia ficción. Me sentí demasiado intimidado para leerlos, pero me gustaba tenerlos cerca mientras estaba en la biblioteca leyendo otra cosa. Creo que fue el único gesto abiertamente esperanzador que tuve en esa época. Tienen que entender: estaba en un periodo emocionalmente "difícil". Acháquenselo a mi adolescencia, a la pobreza, al auto desprecio de un joven de color, a la partida de mi padre, a lo que sea —yo era el tiguere más sombrío que había, y hubo días en que no podía imaginar que viviría pasados los veinte años. Esos libros cerca de mi codo eran una especie de promesa de un mañana en el que me sentiría lo suficientemente inteligente y confiado como para leer la serie completa. Una mañana en la que tal vez podría sentirme bien conmigo mismo. Sin duda era el mañana de un nerdo de ghetto pero era el único que tenía.

También tenía rabia. Casi todo el tiempo; tanta, que al final de prácticamente cada uno de mis días, caía en un oscuro y extenuado sueño. Estaba particularmente enojado con mi padre por haberse ido, y con mi hermano por haber perdido cincuenta libras para que sólo entonces se le diagnosticara una leucemia. Rafa estaba en Newark, en Beth Israel, en el último piso del hospital, de modo que cada vez que uno pegaba la cara contra la ventana de su cuarto, podía ver las cuadras desgastadas, los residuos calcinados del '67, y el horizonte de Nueva York, un millón de dedos de ladrillo, erectos, dirigidos al mundo.

2.

Mi mamá tenía sus propios problemas. Por lo de mi hermano, y por lo de la economía, y porque la gente de allí no estaba empleando a nadie que no hablara inglés, no podía trabajar a tiempo completo. Así es que éramos plan ocho, cupones, AFDA hasta el final. Todavía estaba penando por mi padre. Ese tipo la había prácticamente arruinado —dejándola botada en un estado donde se necesitaba un automóvil para sobrevivir, donde no tenía familia cerca, en un vecindario aislado de toda posible actividad económica. Y aunque es posible que yo no sea el mejor juez de estos asuntos, creo que éste fue uno de los periodos más oscuros en la vida de mi mamá. Años después, cuando la entrevisté para mi libro, todavía afirmaba que el "oscurantismo" fue en el 1965. El año de la Revolución. Cuando le mencioné 198–, se quedó callada. Sí, me dijo. Esos también fueron tiempos malos.

Mi mamá era una mujer pequeñita —tiempo después cuando empecé a alzar pesas en serio, podía levantarla al hacer los "*curls*" sin ningún problema— y era todo lo clara de piel que se podía ser sin pasar por blanca. Cuando mi hermano estaba todavía en casa, le decíamos la Reina de la Bata porque daba la impresión de que nunca se la quitaba. Había venido a los Estados Unidos por nosotros pero no creo que el cambio le haya traído nunca mucha felicidad. Era una mujer callada, nunca hablaba de sí misma ni de sus intimidades, y durante la mayor parte de mi vida los únicos "datos" que conocía de ella eran que era mi madre y que no se andaba con juegos. (Una vez había mencionado que cuando chiquita había ganado una competencia de *jacks* pero la próxima vez que se lo mencionamos se hizo como que habíamos entendido mal, y nos dijo yo nunca en la vida me gané nada.) Del viejo sabía mucho pero de mi mamá no sabía nada. Todos mis amigos hablaban de sus papás, los comparábamos como comparábamos todo lo nuestro, pero a menos que nuestras mamás cocinaran bien o nos pegaran, no tenían ningún papel público. Me sentía como Claire en *Abeng* pero, a diferencia de ella, yo aceptaba los silencios de mi mamá como un hecho, asumía que era todo lo que podía dar.

Sin embargo, observé mucho a mi mamá, ese último año de escuela superior. No tenía nada más que hacer. Estaba harto de mis panas, ellos estaban hartos de mí. Yo y ella nos pasamos mucho tiempo trancados en nuestro apartamento. En la mañana se levantaba siempre a la misma hora y yo la escuchaba, arriba, moviéndose de un lado a otro. Se lavaba, se preparaba su café y entonces sintonizaba Radio WADO que en esa época era nuestro puente principal con el resto del mundo latino. Los días que iba a visitar a mi hermano, me dejaba un sándwich de huevo encima de la estufa, y entonces una de sus amigas o el taxi que pagaba el Medicaid, la recogía y yo me escurría de la cama y la observaba desde detrás de las cortinas. Siempre saludaba con la mano al chofer; ella sería callada y estaría agotada, pero mi mamá era una mujer simpática que le caía bien a todo el mundo. Visitaba a mi hermano tres o cuatro días a la semana y siempre los fines de semana. Pero antes de irse tocaba a mi puerta del sótano y me decía " levántate muchacho". Todas las malditas mañanas, la misma vaina. Levántate.

Pero algunos días me quedaba dormido y cuando me despertaba allí estaba ella sentada a la orilla de la cama, justo al lado mío. Su presencia nunca me sorprendía. Era como si, aun en sueños, pudiera sentirla cerca de mí y saber que no tenía por qué asustarme. Nuestro sótano era extremadamente oscuro y ella era poco más que una respiración y el oscuro corte de su cabello pero yo sabía que era ella. Señora, le decía, y ella ponía su mano en mi cara.

Ella, lo veo ahora, me estaba observando también.

Peleábamos mucho, como se podrán imaginar. A ella le darían sus rabietas por mi padre y por nuestra situación, y a mí las mías por todo. Portazos, noches fuera con los amigos, el televisor a todo volumen. Éramos un par de desgraciados viviendo en las ruinas de nuestras vidas. Había mucha vergüenza también, más de la que puedo discutir con comodidad aquí.

En abril me enteré de que no había sido aceptado en ninguna de las universidades a las que había solicitado, ni siquiera a Rutgers-Livingston, que entonces era un refugio para nosotros los tigueres. A pesar de que había jodido mis notas —quiero decir, me quemé en un montón de clases ese año— de verdad creía que iba a entrar a *algún* sitio. Yo era, después de todo, más inteligente que mis panas que *habían* entrado a college. Qué arrogancia. Cuando esas cartas llegaron, no creo que le haya hablado a nadie durante una semana entera. Me encerré en el sótano durante seis días corridos, y cuando finalmente mis panas vinieron a buscarme una noche, y me obligaron a dar un paseo con ellos hasta la orilla del mar sólo para animarme y para decirme que el mundo no se había acabado todavía, llevaba tanto tiempo sin salir, que las luces de la calle me lastimaron los ojos.

Cuando le conté a Mami que me habían rechazado, le dije: Pues, por lo visto estoy jodío. Y ahí empecé a echarle la culpa a ella y a mi papá y a mi hermano, y a la escuela, mientras ella me miraba sin decir nada. Finalmente dijo, debiste haberte esforzado más, lo que provocó que me diera una rabieta todavía más grande y que gritara aún más. Los vecinos golpeando las paredes; mi mamá refugiándose en su cuarto; otra noche más con mis panas, bebiendo en el asiento trasero de un carro.

El día de la graduación me negué a ir a la ceremonia en el Garden State Arts Center —que era donde la escuela comemierda a la que me transportaban en guagua, hacía sus actividades de mierda— y me quedé en la cama a pesar del coraje de mi mamá. Al final se fue sin mí. Cogió bola con alguien y cuando dijeron mi nombre, pronunciándolo mal como siempre, me contaron mis panas que asintió una vez y colocó las manos sobre su cartera. Todavía recuerdo lo bonito que estaba el día —había sol por todas partes, penetrando fuerte y profundo entre los ladrillos. Di un paseo hasta la Biblioteca Sayreville y me quedé allí hasta tarde. Cuando regresé, Mami estaba en su cuarto, ya cambiada, viendo sus novelas. Me oyó llegar, estoy seguro, y yo oí su televisor. Me fui abajo y esperé a que mis panas me llamaran.

Después de eso, no volvió a hablarme, a hablarme de verdad, en mucho tiempo.

Así era nuestra vida.

3.

No sé cuánto tiempo pasó. El suficiente, les puedo asegurar. Trabajaba atendiendo mesas de billar durante el día, y por la noche me iba a dar vueltas con los muchachos que quedaban. Nos íbamos por todo New Jersey y tuvimos las aventuras habituales en el Parkway-Turnpike. De vez en cuando me sentaba junto a mi hermano que recién había vuelto, y trataba de no quedarme mirando su cuerpo devastado. El resto del tiempo me lo pasaba en mi sótano, probando la soledad recién estrenada de mi vida pos-escuela superior.

A veces cuando me bajaba del M15 de regreso de mi trabajo, mi mamá también estaba bajándose de la guagua, regresando del suyo. Se protegía los ojos con las manos y decía "Hijo", y yo inclinaba la cabeza y decía "Señora". Caminábamos hasta casa en silencio, yo entre ella y la carretera. A veces me bajaba de la guagua y Mami estaría ya a mitad de camino por esa larga curva que era Ernston Road, y yo la seguía a la distancia. Los dos teníamos empleos enajenantes pero el de ella era peor, limpiando casas para profesores y gente de clase media, y cuando llegaba a casa siempre preparaba la cena mientras yo me sentaba frente al televisor a ver *Doctor Who*. Ahora que no tenía que andarme escondiendo, no iba más a la Biblioteca Sayreville. (La próxima vez que volví a ver *Canopus in Argos* estaba ya en la universidad, y los lomos marrón claro de esos libros, mirándome desde los anaqueles, me golpearían como un gancho de derecha directo al pecho.) Lo que fuera que yo tenía alrededor del corazón en esa época —una armadura de antracita, una costra de yeso— no daba señales de que fuera a agrietarse en buen tiempo. Decidí que esa sería mi vida durante los próximos años y me sentía fatal por ello.

4.

No puedo decirles las veces que trató de hablarme. Para ella era difícil, saben, tener una de esas conversaciones siéntate aquí (palmadita de mano en el asiento) —madre a hijo— la clase de conversación que la televisión se pasaba insistiendo que era posible tener. Ese sentarse a charlar no era parte de nuestro repertorio familiar; simplemente no nos criaban así. Éramos dominicanos y los dominicanos, por lo menos los que yo conocía, realmente no hablan con sus hijos. Mami trataba. Esperaba a que yo estuviera viendo televisión, generalmente de noche, cuando ella pensaba que estaría más calmado, y entonces se me sentaba al lado, y yo lo veía venir desde lejos porque ella tendría ese gesto serio en la cara. Mira, me decía, tienes que luchar si quieres—

Yo generalmente le impedía continuar más allá de ese punto. O alzaba la mano y le decía que dejara eso ya, o me iba abajo sin decir palabra. Era fácil lastimarla: después de todo era mi mamá. Por alguna razón me hacía sentir bien dejarla con la palabra en la boca, sentada en el sofá, y que ella me siguiera hasta la escalera y dijera cosas como yo no vine a este país para que tú renunciaras a todo. ¿Qué vas a hacer con la universidad? Yo le gritaba, como si tú hubieras ido a la escuela…Mi mamá ciertamente no tenía por qué aguantarme toda esa jodienda. Apenas se estaba manteniendo a flote a sí misma. El dinero estaba bien escaso, y aun con la ayuda del gobierno, los medicamentos para el cáncer no eran baratos. Como que nunca podíamos ganar: cada vez que a mi hermano lo daban de alta del hospital, agarraba la influenza o una infección, y había que llevarlo de vuelta en seguida. Muchísimas noches la oía caminando por la planta alta cuando creía que yo estaba dormido; la oía moverse de la habitación a la cocina a la galería, pero eso nunca le impidió que se vistiera por la mañana para ir a trabajar o que tocara a mi puerta y dijera: Levántate, muchacho.

5.

Al final, fueron solo unas palabras las que lo lograron.

No puedo contarles nada sobre ese día excepto que regresaba de otra de esas noches inútiles en la calle y mi mamá estaba sentada en el sofá mirando el televisor principal; la mierda esa estaba tan explotado que no lo podíamos apagar, teníamos que bajarle el volumen cuando queríamos dormir. Era un enorme y horripilante cíclope perennemente insomne en el medio del cuarto. Mi mamá estaba quieta como una muerta y tenía el pelo oscuro y mojado de la ducha, y según yo enfilé para el sótano, dijo ella, con un dejo de amargura: sabes, *lloré menos cuando perdí a mi primer hijo*.

La escuché decirlo pero no le contesté, y seguí para abajo, fingiendo no saber de qué carajo hablaba. El televisor siguió prendido durante una hora más y entonces ella regresó a su habitación para otro rato más de televisión y, finalmente, dormir.

Esa noche, acostado en mi cama, miraba las paredes. *Sabes, lloré menos cuando perdí á mi primer hijo*. Como dije, yo no sabía nada sobre mi madre. Que yo había tenido otro hermano que había muerto, fue un golpe enorme incluso para mí, que era tan duro y frío. Que ella nunca lo hubiera mencionado, era otra cosa. Era algo que decía mucho de las relaciones que los tigueres como yo tenían con sus mamás. Yo siempre alegaba querer a mí mamá, se lo decía a todo el mundo, pero ¿cómo rayos puede uno querer verdaderamente a alguien que ni siquiera conoce?

Esta es una pieza corta, así es que no puedo detenerme a pintar todos los matices ni a agobiarles con abundancia de detalles, pero sí les digo una cosa: Esa noche fue la primera vez en mi vida que tuve que enfrentarme con la posibilidad de que mi mamá fuera una persona y no meramente alguien que me lavaba los calzoncillos y me preparaba la comida. Me di cuenta de que tenía un mundo dentro de ella. Un mundo. Fue como encontrarse de pronto en aguas profundas. Fue una conmoción.

Mi madre me había sorprendido del mismo modo ya una vez allá en Santo Domingo. No recordé aquel incidente previo en ese momento, pero lo recuerdo ahora. Ocurrió allá durante nuestros días de Villa Juana. Recuerdo ir viajando en una guagua para alguna parte y a mi mamá señalando otro vecindario y diciéndome, ahí era que vivía un novio que yo tuve. No dijo nada más, y aun entonces quedé desconcertado con su declaración. Siempre había pensado que mi mamá había conocido a mi papá toda la vida.

Al día siguiente desayunamos juntos. Avena y tostadas. Radio WADO estaba puesto y también la televisión. Sal acá y mira los pájaros, dijo mi madre. Estaba sentada en la galería. La seguí hasta afuera y me quedé mirando los gorriones, esas ubicuas y voladoras astillitas de madera. Cuando fui mayor, me enteraría de todo, —del primer embarazo, de la invasión, de la bomba que cayó— pero en ese momento no hablamos de mi hermano muerto y no lo haríamos en muchos, muchos años.

6.

No puedo decir que nuestra relación cambiara mucho después de esa noche. Nuestro mundo todavía era un desastre y siguió siéndolo durante mucho tiempo. No nos convertimos de pronto en los mejores amigos del mundo. Ni siquiera puedo decir con honestidad que fueron sólo sus palabras las que me animaron a comenzar de nuevo, pero cuando vuelvo sobre esto ahora, pienso que esta percepción— que fue ella quien me ayudó a darle un nuevo impulso a mi vida— no me parece tan descabellada ni equivocada. Porque en algún momento durante esos dos o tres meses siguientes, empecé a hacer pequeños cambios, nada demasiado radical, cambios pequeñitos que poco a poco fueron sumándose. El primer gran cambio y el más obvio fue que empecé a dejar de estar escondiéndome tanto en el sótano. Dejé de odiar a mis panas por lo duro que trabajaban y por haber sido aceptados a la universidad, y volví al redil. Me compré un carro y empecé a tomar clases de noche en Kean College. (Ciertamente, dirán ustedes, las palabras solas no pueden tener este poder. En algún sitio de mi corazón, estaba listo para ese cambio y Mami sólo facilitó que brotara lo que ya estaba allí…) Eventualmente pude transferirme a Rutgers-New Brunswick, uno de mis sueños. Para entonces mucha de la mierda que había en mi vida se había arreglado. Todavía tenía rabia, todavía era un desastre emocionalmente, pero había aprendido a esconderlo un poco, a no dejar que me paralizara tanto como antes. Es verdad, que el viejo nunca regresó, ni el hermano que había conocido antes de la quimio tampoco, pero después de un par de años empezaría a hablar en serio con mi mamá, y otro par de años más tarde, hasta nos haríamos amigos.

Gloria Pereira, madre de Gioconda Belli, de vacaciones
en Portugal a comienzos de la década de 1960.

*"Me tomó mucho tiempo alcanzar la distancia necesaria para poder
ver cómo siempre anheló una vida que nunca fue la suya".*

Gioconda Belli nació y creció en Nicaragua. Es autora de tres novelas y cinco poemarios. Su obra se ha traducido a once idiomas. Dos de sus obras, la novela La mujer habitada *(Warner Books), y* From Eve's Rib *(Curbstone Press), un poemario, están traducidos al inglés. Actualmente escribe sus memorias que serán publicadas por Knopf.*

Simplemente una mujer

Mi madre estaba en el estadio, en un partido de béisbol, cuando le empezaron los dolores de parto. "Tardaste tanto tiempo en salir", me dice. "Dos días enteros". "Y eras tan feíta", dice mi padre. "Puro pelo. Tenías pelos en las mejillas, en las orejas, parecías una monita. Los amigos que nos visitaron comentaban que tenías lindas manos. Querían ser amables y encontrar algo bueno que decir…Y la verdad es que tenías unas manos bonitas, de dedos largos. Manos de pianista, de artista".

"Tu papá se paseaba por el cuarto cargándote en brazos para calmarte cuando llorabas. Te hablaba", añade mi madre. "Te decía: '¡Pobrecita mi muchachita, qué feíta que es!' Tu hermano había sido un bebé bello, pelo rubio, ojos azules. Y en cambio, vos…siendo la mujercita…" "Pero el pelo de la cara y las orejas se te cayó al poco tiempo", dice mi padre, "y eras tan inteligente y tan buena. Eras un alma de Dios".

Padres. Madres. Es a través de ellos que por primera vez nos formamos nuestra propia imagen. No sé cuántas veces habré escuchado la historia de que nací con apariencia de mono. Siempre me divertía escucharla, y a mis padres les parecía graciosa sobre todo porque ya no me consideraban fea, porque la contaban como si fuera otra versión de la historia del *Patito feo*. Sólo que en ésta era yo quien me convertía en cisne. Desde temprana edad, percibí que yo les preocupaba. No sé si me veían como un ser frágil o era que su intuición les avisaba de los enredos en que me metería. Lo cierto es que los líos empezaron desde el comienzo.

A los seis meses, por ejemplo, la niñera me dejó caer al darse un trompicón, y dicen que me dio meningitis. "Tu papá no dormía, se paseaba con vos en brazos toda la noche en el cuarto, sin parar de llorar, hasta que por fin mejoraste y se te quitó la fiebre".

Luego, a los dos años, me partí el labio jugando a los toros con mi hermano mayor. Yo era el toro y cuando él levantó la toalla que estaba usando de capa de torero, me fui de frente y me rompí la boca al chocar contra una mesa.

"Tu papá tenía horror de que la boca te quedara desfigurada. Te llevamos a los mejores médicos. Para que no te tocaras la cara, te entablillaron las manos durante un mes."

A los tres, me tragué una moneda que me obstruyó la válvula pilórica. La comida no podía pasar hacia mi estómago. Mi papá no quería ni oír hablar de cirugía. Averigüó de un médico en Philadelphia que se había hecho famoso extrayendo objetos extraños del cuerpo sin necesidad de operar. Me mandó con mi mamá a los Estados Unidos donde me sacaron la moneda.

A los nueve años me sacaron el apéndice, y a los catorce me enamoré del chico equivocado.

Jimmy es un aspirante a biólogo, un apasionado de los reptiles. Es compañero de clase de mi hermano mayor. Es el único muchacho que conozco que puede atravesar, nadando *"crawl"* en línea recta, la piscina olímpica del Country Club, no una, sino varias veces. Tiene cuerpo de atleta y usa un mínimo bañador azul. Se tira del trampolín más alto, zambulléndose sin doblar las piernas, haciendo un clavado perfecto. Como pasa tanto tiempo al sol está bronceado y tiene mechones casi blancos en su cabello rubio. Mi hermano y Jimmy son amigos inseparables. Comparten la pasión por el agua y van juntos a la playa.

Jimmy viene a nuestra casa con frecuencia. A veces se aparece con una de sus mascotas, una boa grande, enrollada alrededor del cuello. Mi mamá odia las culebras a muerte. No tolera ni verlas, así que no soporta que Jimmy se atreva a llegar a nuestra casa con ese reptil deslizándosele por encima. Nadie le quita de la cabeza que Jimmy es extraño, retorcido. "¿A quién en su sano juicio se le va a ocurrir ser especialista en serpientes? Tiene que haber algo malo en él. Además, es un confianzudo. Va al refrigerador y se sirve un vaso de leche como si estuviera en su casa". Se me contrae el corazón cuando oigo a mi mamá o papá hablar así de él. A mí me gusta y no quiero que lo "destierren" de mi casa.

De todos los amigos de mi hermano, Jimmy es el único que se ha fijado en mí, que me considera inteligente, bonita y que se digna a hablarme. Hasta me enseñó cómo distinguir las culebra venenosas. Un día en el periódico estudiantil de la escuela de mi hermano aparece una nota burlona diciendo que Jimmy está perdido por mí. Una amiga me lo cuenta, excitadísima a la hora

del recreo en el colegio. No le creo hasta que va a tomar prestado el periódico y me los enseña. "Ves, ves, te lo dije". Lo veo con
mis propios ojos. ¡Dios mío! ¡Qué emoción aparecer en el periódico del Centroamérica! Ver al fin que existo, que ya no soy la
monita peluda, que mis ojos no son tan chiquitos, mi nariz no es
tan grande, mis labios no son tan gruesos. Un muchacho ha logrado atravesar mi timidez, mi compostura y ha adivinado la
mujer que florece oculta tras el feo uniforme escolar, tras los libros que leo ávidamente, uno tras otro, los fines de semana.

Cuando vuelvo a ver a Jimmy me ruborizo pero no le
huyo. Espero a que me diga algo y lo hace. Se disculpa
porque los demás se hayan tomado a broma el asunto. Pero no
era cosa suya, me dice. Al contrario, allí mismo me confirma que
yo le gusto mucho, que piensa que soy maravillosa, especial.

Ya a este punto, yo me he enamorado de él sin remedio. Soy
la romántica heroína y él es mi galante caballero. No me importa que mi madre lo odie, que mi padre lo desprecie, o que me
digan que no, que de ninguna manera, que a los catorce años no
tengo permiso para tener novio, y muchísimo menos Jimmy,
Mowgli, el hombre de la jungla, el encantador de serpientes, el
temible, peligroso Jimmy.

Jimmy y yo ni siquiera nos hemos tomado de manos. Pero
una tarde, él me propone que nos fuguemos y nos casemos es-
condidos. Me dice que es la única forma. Ahorita mismo podemos irnos para Tipitapa.

Tipitapa es el pueblo de moda para las bodas de adolescentes
desesperados. Una de mis compañeras de clase se acaba de casar
allí. Son como las tres de la tarde de un sábado. Mi mamá anda
de compras. Mi papá anda libre, como todos los sábados, bebiendo cerveza con sus amigos. Estamos solos en mi casa, sentados en

mecedoras de hierro en la terraza empedrada al lado de la sala, tomando Coca-Colas. Jimmy está muy tranquilo. Parece tan adulto; su voz es baja, suave, muy seductora. Me mezo sin parar en mi silla. Estoy tan tentada a decir que sí, pero me aterra la reacción de mis padres. Mi mamá ya me ha advertido de mis responsabilidades como mujer, portadora de vida. Generaciones de hombres y mujeres brotarán de mi vientre. Si no escojo la pareja adecuada, mis descendientes me maldecirán por siglos.

Soy demasiado joven para escoger. No puedo hacer un juicio sensato a los catorce años. Aunque disienta con mis padres en relacion a Jimmy, sé que en eso tienen razón. El tiempo empieza a transcurrir. "No tenemos mucho tiempo", me dice él. Pero yo sé que lo único que tengo a mi favor es el tiempo. Sin lastimarlo, ni rechazarlo, con solo esperar el tiempo suficiente, mi mamá regresará a casa y ya yo no podré irme con él —que es exactamente lo que sucede.

No sé si mi madre me notó algo en la cara, pero no pasa mucho tiempo después de eso, cuando soy yo la que sale hacia el destierro.

Ir a un internado en España es un gran privilegio, un gran honor. De todos mis hermanos y hermanas, seré la primera en viajar a Nueva York y luego a Europa. Ni una palabra sobre Jimmy. Mis padres son tan convincentes en sus argumentos —es por mi propio bien, una oportunidad estupenda— que no hago la conexión obvia. Así es que acepto con entusiasmo, sintiéndome increíblemente afortunada y bendecida. Europa es una palabra mágica para mí, un talismán. Quien tuviera una educación europea haría algo importante en su vida. La mayoría de mis amigas se contentaban con ir a los Estados Unidos y aprender inglés. Pero mis padres querían otra cosa para mí, algo más distinguido: verdadero refinamiento, verdadera cultura. Me siento muy orgullosa cuando les doy la noticia a mis compañeras de clase, que se quedan muy impresionadas. Sueñan con ir a un internado para señoritas en Suiza, pero la mayoría de ellas tendrá que conformarse con participar en un programa de intercambio y pasarse un verano viviendo con una familia norteamericana, no tanto por limitaciones económicas, como porque sus padres no soportan la idea de separarse de ellas y tenerlas tan lejos durante tanto tiempo. Yo, en cambio, gracias al esnobismo de mi madre, puedo rodearme de gloria. Para sobresalir de la norma tengo que estar dispuesta a hacer sacrificios, a ser fuerte. Mis padres me explican la importancia de perseverar, de no dejarme llevar por la pena o el sentimentalismo.

Jimmy me manda cartas de amor desesperadas, pero aunque lo de nuestro romance me duela, él no puede competir con Europa o con mi deseo de crecer y de hinchar mis velas y navegar hacia lo desconocido con la bendición de mis padres. No estoy lista para desafiarlos. Los admiro demasiado. Soy un alma buena, una hija dócil y agradecida.

"Después de Nueva York, nada te dejará deslumbrada", dice mi madre. Por eso es allí que vamos primero.

En Nicaragua mi madre duerme hasta tarde, odia toda actividad física y pasa horas, lánguida, en su cuarto con aire acondicionado leyendo obras de teatro y soñando con el teatro, su pasión. Pero cuando viaja, se remonta y transforma. Tan pronto el avión despega y alcanza su velocidad de crucero, ella guarda su rosario de cristal, saca su guía Fielding y lee ávidamente para prepararse para la tarea de enfrentar las desconocidas maravillas que nos aguardan. No quiere sentirse ignorante, ni actuar como turista. Quiere sentirse cosmopolita, saber cuánto dejar de propina, dónde ir, cómo proceder.

Con costo puedo seguirle el paso. No bien llegamos a Manhattan, quiere ir a caminar, a los museos, a Central Park, de compras. Mi mamá es una mujer menuda, delgada, elegante a quien le encantan los collares de perla y los foulards de Hermès. Su color natural de pelo: castaño rojizo, sólo lo he visto en fotografías. La mayor parte de mi vida ha sido rubia, Tiene un rostro anguloso de pómulos altos y nariz recta clásica. Sus manos son largas y delgadas. Su inglés es impecable. En su época, cuando las jóvenes sólo estudiaban hasta primero o segundo año, ella terminó completa su secundaria en una escuela muy exclusiva en Philadelphia, dirigida por la misma orden de religiosas que dirigía la escuela a la que yo asistía en Nicaragua y a la que asistiría en España. Cory Aquino y Grace Kelly habían sido compañeras de clase de mi madre. Ella se jactaba de que Grace Kelly la invitara a su boda. No sé si realmente la invitó, pero los periódicos nicaragüenses lo dieron como un hecho.

En esa época yo le profesaba a mi madre una humilde y profunda admiración. Me tomó mucho tiempo alcanzar la distancia necesaria para poder ver cómo siempre anheló una vida que nunca fue la suya. Fue una especie de Madame Bovary, sólo que culta y altruista. Se soñaba mecenas de las artes. Hacía pinturas y mosaicos, y fundó un grupo de teatro experimental en el que actuaba, dirigía, y hacía adaptaciones de obras clásicas. Luchaba por trascender los estrechos límites de la sociedad de Managua, las simples preocupaciones de mi padre, las limitaciones de la domesticidad. Luchó con todas sus fuerzas por ser vanguardia en su tiempo, pero llegó un momento en que dejó de luchar. Fue entonces que sucumbió, hastiada de una vida que ya no ofrecía la posibilidad de soñar.

Sin embargo, cuando yo tenía catorce años y viajábamos por Europa, a mí me parecía que mi madre tenía todo cuanto había deseado. Así me lo hacía creer. No había en su armadura ninguna fisura o señal de debilidad. Era una enhiesta columna, fuerte, infatigable, deseosa de ver, conocer y provocar en mí la sed por aprovechar todo lo que me ofrecía la vida. No tenía ni la más mínima paciencia para soportar mis quejas adolescentes o mis opiniones desinformadas. Me arrastró por Nueva York, Amsterdam, Roma, Paris, Madrid, para que viera todo lo que ella había soñado ver: el Museo Metropolitano, los Rembrandts, El Vaticano, El Louvre y el Jeu de Paume. La seguí obedientemente, odiándola a veces, jurándome a mí misma que jamás visitaría otro museo mientras viviera. Me parecía que ella quería obligarme a verlo todo de una vez, como si se tratara de mi primera y última oportunidad.

Ni entonces, ni después he sido una buena turista. Me gusta absorber lentamente la historia, quedarme largo rato de pie en un salón, por ejemplo, con los ojos cerrados dejando que la atmósfera me penetre, intentando escuchar ecos de los sonidos antiguos que siento se me revelarán si tengo la paciencia de aguardar quietamente —no como los turistas que parecen llevar listas obligatorias de sitios y cosas que ver y marcar como cumplidas, como si se tratara de una competencia maratónica. Mi madre tenía su lista particular, pero era una lista de todas maneras. No hacía concesiones, ni dejaba mucho tiempo para la contemplación. Además, había comprado abonos para visitas guiadas en cada ciudad, así que andábamos como ganado, siguiendo nerviosamente a los guías que atravesaban los museos y lugares históricos como si participaran en una carrera de obstáculos. En las noches mi madre me llevaba a la ópera, al ballet, a los musicales. En Paris una noche, para que me admitieran en el Follies Bergére, me vistió de negro y me maquilló para que luciera mayor. Quería que viera el *show* porque consideraba que aquello también formaba parte de mi educación. Realmente, era una mujer avanzada para su tiempo. Avant-garde.

❧ ❧ ❧

Por una estrecha y torcida calle que tomamos cerca de la estación de Atocha, en Madrid llegamos al internado. Es un edificio gris, imponente, austero. Las pesadas puertas del convento se cierran detrás de nosotras con un sonido hueco que hace eco en la boca de mi estómago. Las paredes de la galería de entrada están cubiertas de losetas color blanco perla, azul y amarillo. Nos llevan a una sala de visita que tiene un oscuro piso de madera. El lugar es tan silencioso que hablamos en susurros. Una monja acude a saludarnos vestida con el hábito púrpura y el velo color marfil usado por las religiosas de la Asunción de la Virgen María. Nos muestra la escuela, el dormitorio. "Dormirá aquí". La monja se da vuelta hacia mi madre con una sonrisa. El cubículo tiene dos paredes muy bajas y una cortina que se abre al pasillo comunal. Adentro, hay una camita estrecha, un lavamanos, una cómoda y una ventana que da al jardincito de la parte de atrás. Se me cae el alma a los pies y me siento transformada en una moderna Jane Eyre.

Unos días más tardes mi madre se va de Madrid. Nos despedimos en el salón de visitas. Una monja se queda con nosotras todo el tiempo para ayudarme a mí en la separación. Tengo una terrible desazón en el estómago. No puedo creer que mi mamá regresará a Nicaragua al día siguiente dejándome a mí allí. Todo el Océano Atlántico se interpondrá entre nosotras. ¿Cómo puede estar tan tranquila? En sus ojos, sin embargo, no hay ni una lágrima, así que me trago las mías. Según mi madre, la gente que llora no tiene control de sí misma y se deja llevar por sentimentalismos excesivos. Llorar no es de buen gusto. La miro desaparecer tras las macizas puertas de madera que se cierran con un eco de caverna, para encerrarme en ese mundo extraño, gris y frío.

✍   ✍   ✍

Poco antes de morir, mi madre me dijo que ella supo que yo me metería en problemas desde que desarrollé el hábito de mirar el mundo al revés. "Tenías ocho o nueve años", me dijo. "Y estabas siempre acostada bocarriba en los muebles, en la cama, con la cabeza colgada de la orilla, imaginando cómo sería si la gente caminara por el cielorraso y tuviera la boca en la frente. Siempre estabas preguntándote cómo sería todo si las cosas estuvieran al revés. Querías que el mundo fuera diferente; tenías un fuerte espíritu de contradicción".

Más que un espíritu de contradicción, fue el asco por la realidad que me rodeaba la que me había llevado a involucrarme en la revolución nicaragüense. Mi madre fue solidaria conmigo mientras estuve en el exilio, pero al triunfar la revolución nos situamos en campos distintos. Yo la resentía y ella me resentía a mí.

En uno de mis intentos de reconciliación, entré a su habitación y me tiré en la ancha butaca azul de leer de mi padre frente a mi madre. Ella estaba sentada delante de su tocador. Era su sitio predilecto, una silla de director de cine, colocada directamente frente a la puerta abierta que daba al patio. "Te digo cómo recuerdo yo mi infancia, y luego me decís cómo la recordás vos", le dije. Lució confundida. Pensaría que era una petición extraña, viniendo de una mujer de treinta y siete años. "Por favor, es importante para mí", insistí. "Está bien", me dijo, cruzando las piernas y juntando las manos en la falda, como si le hubieran pedido que subiera al banquillo de los acusados.

El solitario árbol de mango en el fondo parecía oscuro y sin vida en la amarillenta luz del atardecer de Managua. Mi madre me lanzó una mirada desafiante. Como el árbol, también ella se veía solitaria, una mujer sesentona, pequeña, frágil y enferma, que todavía lograba mantenerse bien acicalada, con su cabello rubio bien peinado y un solitario de diamante en el dedo del corazón de sus manos de uñas bien arregladas. La única concesión hecha al momento de reposo en la tarde eran las zapatillas de piel beige que tenía puestas.

"Cuando empecé a mirar el mundo al revés, acababa de descubrir que yo sería yo para siempre", dije. "Me di cuenta un día, regresando a casa de la escuela, de que yo no podía cambiar quién yo era; de que no podía entrar en la cabeza ni en el cuerpo de nadie más. Yo sería Gioconda Belli para siempre. La idea me provocó un mareo. Me sentí atrapada, sola, sin poder alguno, y me tomó algún tiempo ver las ventajas de ello y empezar a disfrutar de quién era yo, el secreto de mi propia mente como una cueva donde podría esconderme y a la que nadie tenía acceso. Nadie excepto vos", le dije. "Vos podías abrirme. Vos conocías las palabras mágicas. Al principio, fue una sensación reconfortante, pero según fue pasando el tiempo, te sentí como una amenaza. Me daba la sensación de que tenías un poder con el que podías hacerme o deshacerme". Era difícil contarle a mi madre mi lucha para descubrir qué de mi ser interior le pertenecía a ella; qué órdenes, qué antiguos designios me había transmitido que yo tendría que superar para lograr hacerme cargo de mí misma, separarme de ella y ser quien era. "De vos heredé lo que yo considero más mío", dije, "las cosas que mejor me definen. Me diste mi sentido de fortaleza, de poder. Pero te costó aceptar que no fuera como vos. Vinieron las contradicciones. Tuve que encontrar mi propio camino a través de ellas. Tenía que saber dónde estaba parada yo. Yo, no vos". Se echó hacia atrás en la silla. Se veía más relajada ahora; ya no estaba en guardia. Era simplemente una mujer. ¡Ah! Si sólo pudiera verla así, pensé, liberarla del poder que tiene sobre mí. Si mis hijas hicieran lo mismo conmigo.

Frida Agosín con su bebé Marjorie en
el National Park en Washington.

Marjorie Agosín nació en Valparaíso, Chile. Es autora de Always from Somewhere Else: A Memoir of My Chilean Jewish Father; A Cross and a Star: Memoirs of a Jewish Girl in Chile, *y* The Alphabet in My Hands: A Writing Life, *así como de varios poemarios y libros de cuentos. Otros textos no literarios incluyen* Tapestries of Hope, Threads of Love: The Arpillera Movement in Chile *1974–1994, y una colección de ensayos titulada* Ashes of Revolt. *Ha sido editora y co-editora de numerosas antologías, incluyendo,* The House of Memory: Stories by Jewish Women Writers of Latin America, *y* What is Secret: Stories by Chilean Women. *Ganadora de los premios Letras de Oro y el Latino Literature Prize, es también la Directora del Departamento de Español en Wellesley College.*

Frida, Friduca, Mami

Antes de tu presencia, una fragancia pequeña, cadencia, envolviendo el aroma de los cuartos, de las cosas ocultas y secretas. Siempre tú, con tus olores según el ritmo de las estaciones y el ritmo que tu cuerpo, iba señalándote. En la primavera, y los azahares que untabas en tus rodillas de niña desnuda. Nos decías que ahora estabamos viajando por todos los alcázares de Córdoba y Granada y que éramos sultanas desobedientes.

Tus juegos mamá eran atravesar siglos, umbrales secretos de tantas historias dichas y no dichas. En el verano olías a los almendros que caían locamente en el musgo de la casa, a damascos y cerezos siempre en flor. Los inviernos reposabas, te gustaba adornar la casa de violetas, de las flores de las señoras mayores decías. Porque tú a pesar de tener la edad de ellas, te veías distinta y ajena como si temerosa no quisieras hacer ninguna alianza con los quejidos del tiempo.

¿Quien eras mamá realmente, una niña vieja? ¿Aquella niña tímida que por las noches guardaba el lápiz labial en el mediador de la luz para agrandar tu boca, muy suave y pequeña, y deslumbrar en la plaza a los cadetes que se paseaban con sables y capas blancas?

¿Quién eras mamá? ¿Aquella iracunda mujer que le tiró a papá la guía telefónica de la cuidad de Santiago con sus casi cuatro millones de habitantes porque llegaba siempre tarde a casa o aquella señora que trastornada de felicidad se desnudaba, bebía vino verde de Portugal que se confundía con la espesura de tus ojos color bosque, color musgo y cantaba en los balcones boleros en alemán?

Tanto de tu historia envuelta en pequeños sobres de misterio y humo. Cuando te pedíamos que nos cuentes cuentos pero no de dragones y de carruajes mágicos dijiste que algún día en una cama llena de almohadones de pluma nos contarías verdaderas historias, más temerosas que los fantasmas, nos contarías de toda tu infancia como suspendida en un gran murmullo, en un temible secreto.

Pasarían muchos años hasta saber quien realmente eras, qué historias asediabas tras tus innumerables insomnios cuando viajabas por la casa en busca de fantasmas inquietos o de niñas como tu con estrellas doradas en seis puntas en sus abrigos.

Por los veranos nos llevabas al océano Pacifico, tenías tú como tu madre el gran miedo al raquitismo, creías en el sol, en las constelaciones que tantas veces nos enseñabas a llamar y a nombrar en voz alta y yo aquí en este cielo tan ajeno del Hemisferio Norte, me acuerdo de tres pascualas, las tres Marías de la cruz del Sur. Era en esa casa de playa rodeada de cáctuses y lagartijas que nos sentíamos tuyos. Durante el invierno que te apartabas de nuestra risa o más bien te acercabas a nosotros turbia, anonadaba como si tu cuerpo te llamara a otros lugares. Pero aquel verano, antes de nuestro viaje, tu vida y la nuestra fueron memorables. Nos convertimos en tus aliadas, en tus confidentes. Bebíamos cerveza y tu nos decías que era espuma dorada de los dioses. Nos dejabas usar el pelo largo y pantalones blancos. Nos confundíamos contigo pero aquel verano supimos quien eras.

Una noche cuando el viento y el mar replicaban músicas insólitas, cuando jadean las mareas, te pedimos que nos contaras un cuento ni de hadas ni de dragones tan solo tu historia. Refunfuñaste, callaste y dijiste que sería por episodios como la Sheherazade que intentaba salvar su propia vida al contar y así empezaste:

"Mi padre era un antiguo caballero vienés. Amaba los poemas de Goethe y el idioma alemán, amaba a frágiles bailarinas de cabaret. Por eso llego aquí a Chile, al Puerto del Pacifico escapando de tantos de sus amores. Cuando vio los cerros iluminados, las novias bajando como blancas lavanderas, los burros subiendo cuesta arriba con cántaros de agua, dijo que esta sería su tierra, que amaría sobre todas las cosas el idioma español y el puerto de Valparaíso con casas dislocadas, con los búhos a media noche acomodándose a la música del mar." Sonreíste, respiraste muy hondo y nos dijiste:

Pertenecemos a un pueblo perseguido y no necesariamente escogido. La historia de nuestro pueblo, ha sido marcada por los horrores más innombrables de la guerra. Mi abuela se llamaba Helena, usaba tacones altos y amaba las frutillas, vivía feliz en Viena hasta que un día debió dejar de bajar al jardín amado, debió bordar en su abrigo una estrella de David. Las restricciones contra los judíos comenzaron paulatinamente hasta que de pronto, perdieron su ciudadanía. Una noche inquieta gracias a la divina Providencia, viajaron largamente al puerto de Hamburgo hasta tomar el vapor que los salvaría de la muerte y los dejaría aquí, en el puerto de Valparaíso donde serían recogidos por mi padre a quienes ustedes aman y conocen.

Les contaré, nos dijo, aquella tarde en que fuimos al puerto de Valparaíso a esperarla. Su voz se detuvo y se hizo delgada, como si fuera parte de una historia que había llevado muy adentro de ella, se le erizó la piel y nos dijo: toda la familia se había reunido en el puerto de Valparaíso. Era un domingo y vendían globos y dulces de leche, la ciudad se había vestido de fiestas para recibirlos. Mi padre se paseaba ansioso con su sombrero de caballero vienés, era tan intensa su emoción que decidió llamar a un remolcador para que nos acercara el barco. Por aquel entonces, tenía yo trece años y mi hermano Jaime once. Nos subimos al remolcador, el viento gemía, nos desordenaba la memoria. El viento nos acercaría a un ser surcado para la desolación: nuestra abuela cuyo nombre había solo visto en desteñidas postales. Y de pronto la vimos con un sombrero de tul cuya visera se elevaba según el fervor y el placer del viento. Vestía elegantes trajes de terciopelos con un dragón de lentejuelas en el escote. Era muy escasa de pertenencias, tan solo una gastada canasta de paja donde guardaba sus plumas de aquel amor con mi abuelo Isidoro Halpern.

Yo le di un beso en la mejilla y ella rezó en alemán besándome la frente, en aquel momento, el viento cesó de conjurar secretos, se produjo en mí un fuego que aún no me deja. Mi abuela y yo fuimos inseparables, compartimos por años el mismo cuarto, la misma risa, las mismas palabras en alemán y en español que nos enseñábamos mutuamente y también los silencios, aquella memoria desdoblada, aquellas conversaciones con las hermanas muertas.

Por las noches, la abuela Helena solía abrir la ventana que miraba hacía una gran palmera y emitía chiridos, ruidos extraños que salían de su vientre, me costó mucho reconciliarme con esas noches perversas donde ella solía besar las llaves de su casa que llevaba siempre atadas a su delantal. Cuando entró en la senilidad, solía poner las llaves en los bolsillos de su hijo y culparlo de todos los males. Queridos hijos, nos dijo, yo he vivido entre los muertos, entre la memoria que solo cuenta de las muertes. He vivido entre dientes de oro chamusqueados y direcciones falsas. De la historia de las hermanas de Helena nada se sabe. Me pregunto si perecieron a la llegada del campo, ¿de miedo? ¿de pavor? ¿o en las cámaras de gas azul? Ustedes, toda la vida me preguntaron de lo que no tengo respuesta. Mis historias de infancia no tuvieron ángeles con inmensas alas de tul, ni soñé que algún día regresarían mis parientes.

Yo también me he preguntado, ¿quién soy? ¿Dónde está mi alma? ¿A quién me parezco en esa fotografía? ¿Por qué no he vuelto a ver jamás a mis tías? Como una peregrina, quise ir armando el rompecabezas de mi propia historia, quise aprender de esos cuchilleos en la oscuridad, por qué la abuela lloraba cuando encendía las luces del sábado. Nada más les puedo contar porque mi lengua fue también sellada. Porque la incertidumbre era una verdad constante, enloquecida, amenazándonos.

Aquella noche, mamá terminó de contarnos por vez primera algo de esa historia de los orígenes, de la llegada de su abuela a

Chile supimos porque se esmeraba en continuar hablando sola en alemán y porqué sus paseos en casa como enloquecida en las noches. Nos acurrucamos junto a ella, atamos cabos ante todos los silencios y comenzamos a entender sus vigilias y sus insomnios.

Aquel verano en el océano Pacífico fue en muchas instancias memorable y único, mamá no hablaba más, no entraba en sus desgarradores silencios. No se encerraba en su cuarto a plena luz del día. Nos contó cosas extrañas como las primas que llegaban de Praga a su casa en el sur de Chile, las mujeres refugiadas, desnutridas, que eran recibidas por su padre con grandes canastas de flores. El habla la acercó a su memoria, nosotros la oíamos anonadados aunque tardaría muchos años y muchas otras historias para comprenderla a ella, mi madre, esa niña mujer, esa señora errática que no le gustaba conversar con las vecinas y sin embargo, entablaba largos diálogos con extraños cuales nunca veía.

En aquel verano del setenta descubrimos muchas historias, yo me enamoré de un chico quien me contaba las historias del Ché Guevara, tampoco supe si eran de verdad o de mentira, mi hermana aprendió sobre el muro de Berlín y mi hermano sobre un campo en las afueras de Praga donde los niños presos pintaban mariposas.

Mi madre decidió ser una gozadora, por muchas horas se dedicaba a la contemplación de la luna, de las esporádicas estrellas, comía frutillas a media noche y la felicidad era un aliento, la fragancia, el estar. Un día nos llevó de paseo rumbo al mar, después de todo los grandes caminos conducían al mar, y nos dijo que nos llenáramos los bolsillos de caracolas, de cristales imaginarios y de estrellas marinas, que nos construyéramos pelucas de algas flotantes, porque en ese juego delicioso tendríamos la fe y la paz de todo el universo.

Mamá nos enseñó del asombro que se vinculaba a lo inesperado, a la presencia de ciertos signos premonitorios que había que escuchar como quien se acerca a escuchar el ritmo secreto de las lagartijas enamoradas, o el rostro tornasol de los girasoles. De ella aprendimos el asombro ante los vastos y generosos cuerpos de agua que pululaban nuestras costas y más que nada, fragancia como su cuerpo de un día de verano.

Las historias que nos contó aquella tarde como las escasas frases que a veces repetía, como por ejemplo cuando acompañó durante años a su abuela a la Cruz Roja a esperar noticias de la guerra o cuando nos contó casi enloquecida de emoción que al finalizar la segunda guerra mundial ella con sus compañeras del colegio participaron en un gran desfile de Santiago y llevaban canastas de flores con claveles rojos y las veredas de Santiago eran collares de flores, alfombras rojizas para recordar a los muertos. Ella tal vez pensó en sus tías de Praga, las que un día en medio de la tarde mientras regresaban de clases de piano, la policía Nazi les interrumpió la vida para siempre. Tan solo en aquel entonces logré entender los silencios de mamá, ciertos amaneceres huraños, la obsesión por ver que todos llegáramos a casa y cerrar las puertas y respirar hondo porque al fin estábamos a salvo.

Intuí que la vida era en sí milagrosa, que siempre estábamos a salvo de una catástrofe inminente, que la vida en sí era un peligro, eso nos decía a veces mi madre, cuando entraba a un sopor muy profundo y solo ella y su soledad dominaban al mundo.

Transcurrieron los inviernos, florecieron las violetas, llegó el otoño a arroparnos con un colchón de hojas y a la salida del colegio, las pisábamos, la tierra en sí, era un violín de chirridos, un arpegio para nuestros pies traviesos. Nos cambiaron de escuela. Ya no asistíamos a la escuela Británica donde teníamos que constantemente hacer reverencias y saludos extraños. Una vez, a la salida de la escuela los niños nos cercaron en una alucinante ronda y nos dijeron escupiéndonos: Perros judíos, perros judíos.

Recordé entonces lo que dijo mamá, que la vida era peligrosa, inesperada y yo también pensé que las catástrofes estaban en la otra esquina. Sin embargo, llegó el verano. Nos fuimos a la casa de la costa, mamá comía sandías, caminaba descalza recogiendo ágatas y había recobrado la felicidad aunque pasajera. Un día en la playa de las ágatas nos dijo: estas ágatas me recuerdan las lámparas de cristal en la calle Castro. Cuéntanos más mamá de aquella casa y aquellas lámparas. Tendida de espaldas sobre la arena, el suéter cobrizo haciendo juego con su pelo, nos contó que la situación de su padre era precaria, que después de haber traído a su madre, a su hermano y a otros refugiados de la guerra había quedado en la más alucinante ruina. Aunque fiel a su dignidad no exclamó nada. No dijo nada y simplemente buscó otro porvenir: el negocio de las lámparas de cristal.

Mi padre nos dijo, junto cristales de antiguas casas elegantes de la aristocracia chilena, y quiso hacer una industria de lámparas. Llegaba todos los días a casa después de agotadoras jornadas como vendedor ambulante con esos cristales tornasoles, violetas, malvas, amarillos. Luego nos íbamos toda la familia a un cuarto casi topando el cielo y nos poníamos a hilar estos cristales en delicados alambres. La abuela Helena, sentada a mi lado participaba en esta aventura casi Quijotesca. No vendimos ninguna lámpara pero por las tardes abríamos la ventana para que el fuego de la luz del día entrara sobre el cuarto de cristal y el viento mecía cada una de estas lágrimas de luz. Así el espectáculo de hilar cristales fue parte de nuestra pasión y nuestra actividad familiar. Pasábamos horas embelesadas en estos cristales flotantes, en este asombro ante el viento y la luz que conjuraban su belleza generosa en medio de nuestra pobreza.

Volvió a recoger las ágatas, a abrir y cerrar sus manos, nos aconsejó siempre apreciar el asombro, lo inesperado y la bondad gratuita de la naturaleza. Aquella fue la última historia que nos contó mamá. De pronto llegaron los soldados al país, le cortaron el cabello a mis hermanos que quería parecerse a los Beatles, a mi no me dejaron usar pantalones. Por las tardes en mi barrio se veían hogueras de libros. La policía obligaba a quemar ciertos libros peligrosos. Mi madre recordó el escape de la abuela en la noche de los cristales rotos y recordó el esmero de toda la familia en amar los cristales tornasoles.

Mamá se volvió cada vez más silenciosa y hostil. Dejó de hablarnos y se dedicó a organizar el primer *garage sale* en Chile. Dijo que los refugiados no necesitaban cosas y vendió manteles y estatuas, muñecas y loza. Solo conservó unas bandejas de plata traídas por un amigo de Marruecos, un samovar comprado por unos gitanos que todos creían que había sido traído de Rusia y sacó del closet un cuaderno de tapas azules donde había guardado las flores salvajes que ella y la abuela Helena guardaban tras sus paseos secretos.

La partida de Chile era inminente. Entonces supe por qué mamá tardó tanto de contarnos sus historias, ¿por miedo tal vez a que se hiciera verdad? ¿Por miedo ante el temor de nuestro propio destino? ¿Por miedo a que los vecinos sepan de nuestra huida? Aunque era demasiado niña para el claro entendimiento de los hechos, comprendí que era prohibido preguntar y poco a poco me fui incrustando en un universo de temores y modorras. Intuí que me debería ir despidiendo de las cosas, de ciertos árboles amados y de ciertos arroyos. Decidí hacer copias de las llaves de casa y de mi escritorio. Esos serían sagrados de nuestra memoria como lo serían para la abuela Helena que ya había muerto casi a los cien años con las llaves de su casa atadas a su doblado y empequeñecido cuello.

Mamá perdió el brillo de sus ojos violetas, su voz se hizo

grave. No caminaba descalza por la casa pero por las noches la oía rezar en alemán con la voz de una mujer iracunda y desposeída.

Y un día nos fuimos, no me recuerdo con precisión la hora ni el mes, estábamos turbados, tan solo recuerdo que vino cierta gente a despedirnos, los amigos más íntimos y mi amada profesora de historia, la Martita Alvarado. Llegó con un abrigo rojo y con un cuaderno en blanco para que yo anotara los avatares de mi historia.

Aquella noche que no tenía ni tiempo ni fragancias, se nos confundía en la inmensidad de un silencio pesado. Muy pocos parientes fueron a despedirnos como si fuera absolutamente necesario ocultar la partida. Ya tú, mamá, habías regresado a estar en control de la situación como lo hacías en las noches de pena y sollozo antes de nuestra partida y repetías que todo viaje es el comienzo de una vida mejor. Así tal vez se sintió la abuela Helena cuando se embargó hacia el casi incomprensible Hemisferio Sur. Pero nosotros no habíamos conocido otra patria. Ningún río nos acariciaría los pies como los ríos del Sur y nunca más sentiríamos que estabas en casa con solo olerte a violeta o jazmín.

La cordillera de los Andes oscureció con nuestra patria. El cielo parecía un canasto de sombras y yo sentí que también repetía la historia de la abuela de Viena, del bisabuelo de Rusia, y que tal vez tú, mamá, tenías razón, por un tiempo fue mejor saber de hadas y dragones que la verdadera historia humana, de la historia de los judías apatrias como lo éramos nosotros. No por judíos sino por tener ideas políticas pero no obstante repitiéndonos que éramos parte de aquellos ancestros, los andariegos y los caminantes.

Llegamos a la América del Norte. La gente reía menos y tú, mamá, reías más. Vivíamos en una casa vacía con sillas de plástico. Era muy difícil llenarla porque no teníamos a quien invitar pero tú, esta vez no cantabas boleros en alemán, sino que te animabas a bailar la cuenca y el tango y a recordar con pasión lo que habíamos dejado atrás. Cuando los niños se mofaban de mi estatura, decías que pobrecitos ellos, no saben que eres mágica, cuando se reían de nuestro acento, pobrecitos ellos hablando en un solo idioma.

Plantaste en la casa de Georgia boldos, laureles, cilantro y violetas y de pronto sentíamos como antes tu fragancia. Aprendimos a amar esta tierra que también nos había dado refugio y poco calor humano. Y sin embargo, el milagro se produjo, sobrevivimos, aprendimos a nombrar otras estrellas y aunque nuestra felicidad fue clandestina y menos exuberante, sobrevivimos.

Ahora yo con mis hijos les cuento historias, algunas las invento y otras las que son de verdad, ellos creen que invento y les digo: había una vez una mamá que era de un país tan largo y angosto que si uno se tropezaba se caía a la intemperie, al precipicio. Había una vez una mamá que vivía en un país de cinco mil volcanes y muchos pingüinos.

A veces les decía: niños, acérquense, quiero que me escuchen, que practiquemos el juego de las confidentes, acérquense, traigan las almohadas de Casablanca, el exilir de Córdoba, los abanicos de Madrid y decía:

Había una vez un país bello y luminoso con ventisqueros, islas archipiélagos y volcanes. Ese país tuvo un sabio gobernante que murió en un palacio en llamas y un fatuo dictador dominó la patria. Nosotros nos fuimos como tantos, cruzamos la cordillera y quedamos a salvo. Aunque la vida es sigilosa, asombrosa, llena de abismos y de milagros.

Y en aquel instante, te supe cercana, mami, supe por qué ocultaste las historias, porque eras el arca de todos los secretos y al llamarte sentí que el cuarto se llenaba de violetas y de jazmines y me dijiste que era hora de dejar atrás a los muertos, despedirse de ellos y sentarme a comer en la mesa de los vivos.

Pasaron años y tú te haz quedado junto a nosotros en la tierra que cada año sembramos o en los pájaros que nos visitan de amanecida y más que nada hemos guardado tu voz oficiadora de memorias, una voz que está en este cuarto extranjero y familiar o en el follaje de los árboles, tus historias nos han marcado el sendero para todos los posibles regresos, aquí en el patio de casa. Y te vemos tender la ropa, podar los rosales y decir que hasta aquí llegan mis deberes, ustedes ahora caminen en nuevos destinos.

Margarita Vidal-Torres, madre de la traductora,
en su juventud.

Nota de la Traductora

Los que dicen: yes my dear,
ésos no son de aquí;
los que dicen ba'bería,
ésos no son de aquí;
Los que dicen: ¡ven manito!,
ésos no son de aquí;
Los que dicen ¡ay bendito!
ésos sí, ésos sí.

Rafael Hernández

Como toda la muchachería de mi generación, me crié escuchando las pegajosas estrofas de la clásica guaracha "Los que dicen ¡ay bendito!" de Rafael Hernández, uno de nuestros compositores nacionales más admirados. El "aquí" de la canción se refiere, naturalmente, a Puerto Rico, y el estribillo "ésos no son de aquí" anticipa y subraya el verso final "ésos sí, ésos sí" que generalmente se canta "a toda boca" y con gran emoción patriótica para que no quede duda de que "los que comemos cuchiflitos" y "los que decimos ¡Ay bendito!" ésos sí que, "de verdad," somos de aquí. La canción celebra algunas características que nos identifican como puertorriqueños y puertorriqueñas, e implícitamente, al nombrar y contrastar con las nuestras las características de "los que no son de aquí", alude a las identidades de "los demás".

Acepté con entusiasmo traducir la antología *Las Mamis: Escritores latinas recuerdan a sus madres* atraída en principio por el tema. Estoy convencida de que a pesar del papel protagónico que juegan en nuestras vidas las madres, y de lo mucho que las queremos, es poco el reconocimiento que le hacemos a su persona. Con demasiada frecuencia las invisibilizamos bajo el título amoroso de "mi mami", o bien cuando sustituimos sus nombres por el de "la mamá de fulanito o fulanita", o cuando apenas logramos crear una distancia que nos permita ver otras dimensiones suyas más allá de su vinculación con nuestra propia persona, una distancia que nos permita verlas en su propia humanidad, ni santas, ni madonas, ni tiranas, ni figuras colosales, sino "simplemente" mujeres. La realidad es que hablar de nuestras madres puede ser una bonita excusa para hablar de nosotras, de nosotros mismos, y en los ensayos de este libro, en mayor o menor grado, se confirma esta verdad. Sin embargo los entrañables testimonios recogidos en *Las Mamis* nos permiten conocer también la valentía, la entrega amorosa, la sensualidad, el sentido del humor, la inteligencia y el ingenio, el sentido de la dignidad, las fortalezas, las debilidades y, para mi alegría, los nombres de catorce luchadoras mujeres "hispanas" que *además* resultan ser las mamás de catorce escritoras y escritores "latinos".

Los meses que dediqué a mirar cada palabra de este libro me

permitieron pasarme largas horas con mi propia mamá, fallecida hace diez años. Cada mamá me recordaba un rasgo de la mía, y me vinculaba de alguna manera al autor o la autora del texto. En la particularidad de cada cual está contenido el punto de partida para vincularnos los unos con los otros colectivamente. Lo que es diferente en las experiencias y las vidas de nuestras madres, como lo que es diferente en el español que cada texto y cada vida ofrece, nunca nos separa totalmente, sino que nos distingue y, a la vez, nos une. Por la palabra, por el idioma y por la madre —que es tan de cada cual y tan de todos y todas al mismo tiempo— nos encontramos, nos conectamos culturalmente.

Para cualquier traductor o traductora, uno de los atractivos principales de este libro radica en la diversidad de autores y autoras que colaboran en él, y dentro de esa diversidad uno de los mayores retos que enfrenta quien traduce es definir el español al que escogerá traducir cada ensayo. Cuando la casa editora me pidió que tradujera *Las Mamis* a un "idiomatic Spanish" me pregunté de inmediato ¿a qué "idiomatic Spanish" se refieren? ¿Al mío? ¿Es que hay un "idiomatic Spanish", un sólo español coloquial? ¿Cuál es? En realidad traducir a "idiomatic Spanish" no es sencillo y en gran medida depende del texto que se vaya a traducir. Un texto que se traduce del inglés siendo el inglés el idioma base de la obra y el primer idioma del autor o de la autora requiere una respuesta diferente a la que requieren los ensayos de la antología *Las Mamis*.

Las Mamis es una colección de ensayos escritos en inglés (todos, menos el de Marjorie Agosín que se escribió originalmente en español y se tradujo al inglés) pero que narran, en mayor o menor grado, hechos vividos, pensados y hablados en español o en una especie de vaivén entre el español y el inglés. Los escritores y las escritoras tienen sus raíces linguisticas y culturales en lugares tan diversos como México, Puerto Rico,

Cuba, República Dominicana, Nicaragua, Colombia, Guatemala, Chile, Perú…pero todos por razones diferentes, y a partir de sus experiencias de vida en los Estados Unidos, escriben en inglés. Traducir los ensayos de *Las Mamis* es en gran medida traducir de una traducción: es traducir un texto que "empieza" en español, se escribe en inglés, y "regresa" al español. Ese español que subyace en el texto en inglés, aunque no se invisibiliza totalmente, es el que yo, como traductora, me he empeñado en "rescatar".

Uso el vocablo "español" a sabiendas que puede ser equívoco, como equívoco puede resultar también el término "latino" que por un lado unifica y da poder político y social, y por otro invisibiliza la riqueza contenida en la diversidad de las identidades nacionales y regionales que se ocultan detrás del término. Cuando se habla del "español" así sin "apellidos", cabe preguntarse de qué español se está hablando y quién habla ese español. Si bien es cierto que el español es una lengua que tiene unas normas generales que valen para todos sus hablantes, también es cierto que cada país tiene su español particular, un español con "apellido". Por eso hablamos de un español puertorriqueño, o un español cubano o dominicano, o mexicano o peruano: y es el mismo y es a la vez diferente. Para abrazar aún más esa diversidad, hoy día reconocemos que los grupos latinos en Estados Unidos han aportado otras variantes muy ricas al español. Con esto en mente, los lectores y las lectoras que relacionan a un escritor o a una escritora con un español particular, esperan encontrar en su texto las características propias que representan la "identidad" particular de dicho escritor. Quizás, uno de los retos más grandes de esta traducción, además de determinar la voz narrativa de cada ensayo (que de por sí ha sido siempre uno de los elementos más importantes de una traducción, y que en una antología de esta naturaleza equivale a tener que empezar el libro trece veces), sea determinar también el español que caracteriza a esa voz narrativa.

Consciente del valor afectivo que tiene el idioma, al traducir tuve especial interés en lograr que tanto los autores y las autoras como los lectores y las lectoras, sintieran que los ensayos les "sonaban" al español que, por origen y tradición, los identifica. Quería que la traducción rescatara algo de la "voz" original que habla a través de la identidad nacional de los escritores y las escritoras. Así las cosas, y aun reconociendo que cuando de literatura se trata este proceso es siempre una ficción, quise asegurarme que el español de un escritor de origen mexicano "sonara" a un español mexicano posible y que como tal pudiera ser reconocido por sus lectores; y que la traducción al español de una escritora puertorriqueña "sonara" al español puertorriqueño que acompaña su historia y la hace verosímil. Para lograrlo, afiné mi oído, recurrí a las voces que junto a mi "diccionario interior" guardo en mi memoria, pedí prestado el oído y robé un poco de tiempo a amigas y amigos que me lo dieron con gran generosidad. Mientras no oscurecieran el sentido del texto, privilegié los localismos de cada español, de cada cultura, y para ello tomé en cuenta la importancia de la época, la clase social, y el género, en cada experiencia que cada autor o autora representó en su ensayo.

La antología *Las Mamis* no es un texto homogéneo en cuanto a tono, o a niveles de lenguaje. Tampoco lo es en términos de la relación que tienen los escritores y las escritoras con el español. Por el contrario, el libro recoge una amplia gama de posibilidades que van desde la escritora que escribió su ensayo en español que luego fue traducido al inglés; a la escritora o al escritor bilingüe que al leer su texto traducido, quiso ajustarlo y corregirse a sí mismo, a la escritora cuya lengua literaria es generalmente el español pero escoge ahora escribir en inglés, hasta el escritor que no maneja el español escrito y cuya lengua literaria es el inglés. Como lectora, siempre voy buscando el español que creo que se esconde, vive, y late en el fondo de los textos de las escritoras y los escritores latinos que escriben en inglés. Como traductora me deleito en tratar de recrearlo. En este libro de memorias dedicado a las mamis, se devela hermosamente el hecho de que cada español está poderosamente vinculado al recuerdo de la madre. Lengua, madre y tierra se unen tan íntimamente en estos textos, que ayudar a rescatar la diversidad del español y de las identidades, y transmitir los contextos culturales, tiene que ser parte esencial de la traducción, aunque este sea tal vez el aspecto más difícil de lograr en cualquier traducción. El ejemplo más conmovedor y más diáfano del vínculo entre lengua materna, patria y madre, es el de la escritora Alba Ambert, para quien las voces del español de Puerto Rico guardan y evocan la voz de la madre que apenas conoció.

Antes de entregar la traducción de la antología a la casa editora quise compartir mi trabajo con cada escritor y escritora. Quería que, del mismo modo que yo busqué y encontré un español en sus textos en inglés, ellos y ellas pudieran encontrar algo de su español en el mío.

Que el "ésos no son de aquí" de la famosa guaracha sirva no para excluir sino para celebrar las diferencias lingüísticas y culturales de quienes compartimos el español por ser el español la lengua de nuestras madres, el español que nos une por encima de toda su diversidad. Ésas sí, ésos sí.

Nina Torres-Vidal